ses Choux-Choux

ses Vacances

Ses Ennemies

ses Habilitter

Se Transfert

ses Mot d'Esprit

Histroestonie

ses Rêves

ses Lapsus

Amours Sa Mère ses frustration

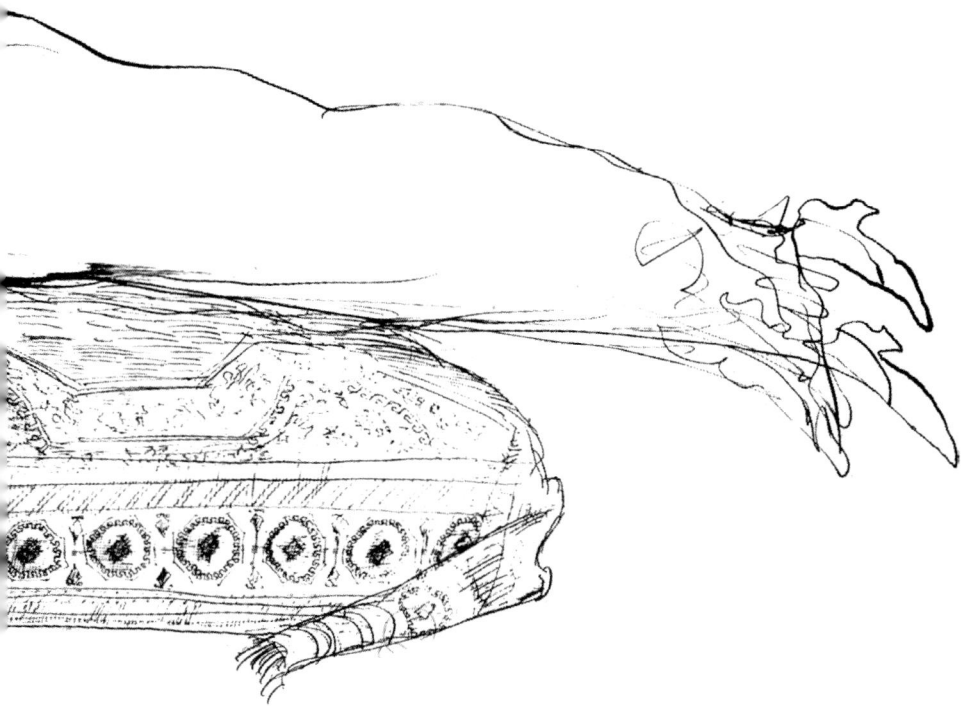

目 录

皮埃尔·巴班

1947年生于法国西北部雷恩市（Rennes），
高等教育阶段专攻文学与心理学。
长年投注于精神分析专业，
辅导适应不良的儿童及
因精神疾病和孤独成性而丧失语言能力的儿童。

弗洛伊德

科学时代的解梦师

〔法〕 皮埃尔·巴班　著

黄发典　译

吉林出版集团有限责任公司 ｜ 全国百佳图书出版单位

"问题那么难

而我的解答又那么简陋，

这一点我比任何批评者都来得清楚。

因此，要是有某一心灵领域，

在凡人当中我是第一个深入探讨，

而此一领域不以我为名

或不遵照我的法则时，

我认为并没有不对之处。"

致弗利斯（Wilhelm Fliess）函

1900年5月

第一章

"追祖查宗，
我并不光彩"

谁敢说他能够诠释人类心灵的幽暗深处呢？谁敢像摩西一样，断然立下戒律呢？

1856年5月6日，西格蒙德·弗洛伊德（Sigmund Freud）生在弗莱堡（Freiberg）。这是奥地利帝国北部摩拉维亚地区（Moravie）的一个大镇。此地离波兰国界不远，位于后来的捷克境内。

犹太人弗洛伊德家族——奥地利的客家

"我父母是犹太人，因此我的犹太身份也无法改变。父亲这一边的家族，听说曾经长期住在莱茵河畔（科隆〔Cologne〕附近）。14或15世纪时，家族被迫往东欧逃难；又在19世纪中，由立陶宛经加利西亚（Galicie）南下，来到德语系国家奥地利。"

身为犹太人，到处是客家。这种现象在异族杂处的当代并没有什么出奇。弗洛伊德家族一定要坚忍奋斗，忍受自古就有的追赶与压迫，要四处逃窜，要塞红包请求当地政府准许落户。1856年这一年，帝国当局宣告不再压迫犹太人的法令才出台。在此之前，1848年7月10日的立法解除了原先法律上的差别待遇，不再限制犹太人的通婚和迁居。不过，每逢迁移或选择职业，犹太人仍然得先取得官方

逃 难图：不只是背离故乡，也被迫遗弃母语。在东欧的家乡，他们使用的语言叫作"依地语"（yiddish）。这种语言形成于16世纪左右，是由一种中古时代的高地德语，加上每次移民所经国家的语言成分，混合而成。

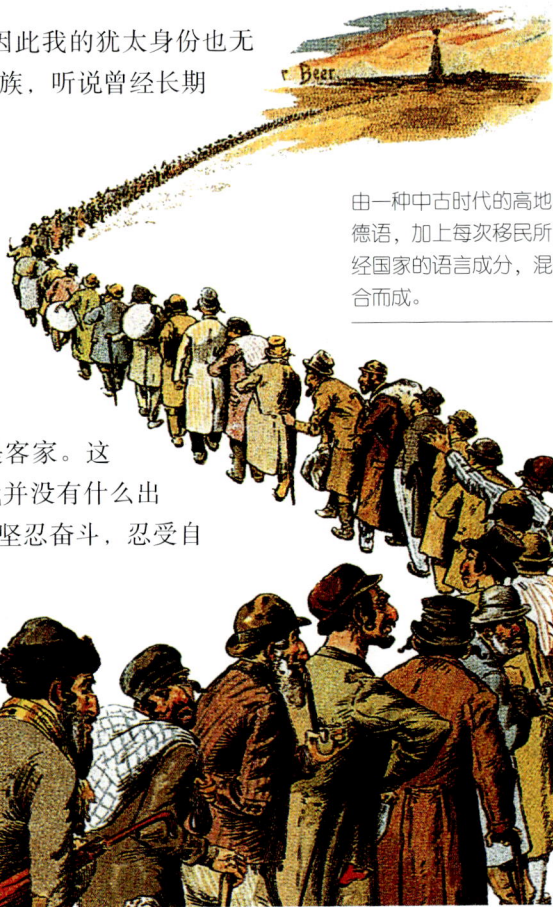

孩提往事不停地在潜意识中翻滚。西格蒙德出生时，父亲41岁；一个异母兄长23岁，年龄足以当他的父亲，并且自己有一个儿子，叫作约翰（John），比西格蒙德还大1岁，却只好叫西格蒙德叔叔；另一个异母兄长20岁。弗洛伊德总算没有摩西那么倒霉，被父母弃诸箩筐。亚玛莉亚也不是就此不育，在弗莱堡她另外生过两个：尤里乌斯（Julius，8个月大就夭折了）和安娜（Anna）。一家子全挤在锁匠查吉克（Zajic）家的一个房间里。之后在维也纳，又有4个妹妹和最小的弟弟亚历山大（Alexander）加入阵容。

的核准，而且有些行业，犹太人还是不能做的。至于法律上和实质上的解放，是从1866年才开始的。

对弗洛伊德家族而言，迁徙是常事。当年的犹太人，在社会与经济生活上除了做生意，是没有其他选择的。西格蒙德的父亲也不例外。

弗洛伊德家族的埃弗拉因（Ephraïm）是犹太教士，有子名施洛莫（Schlomo），也是犹太教士。施洛莫的儿子雅可布（Jacob），也就是西格蒙德的父亲，生于1815年12月，一改家族的从业，以贩布为生。从城里整匹买布，存放在家里的楼下，然后裁剪出售。全家人都住在楼上的一个房间。当时的生意并不好做，雅可布认真地拼凑布头布尾，希望多少

卖点钱。这种日子虽然朝不保夕，总算还活得像个人。西格蒙德出生时，雅可布的前妻就已留下两个儿子：伊曼纽尔（Emanuel）和菲利普（Philipp）。前妻莎利·康纳（Sally Kanner）是在1832年嫁给雅可布的，当时雅可布只有16岁半。西格蒙德的母亲亚玛莉亚（Amalia）于1835年8月18日生在黑海滨的乌克兰港市敖德萨（Odessa），本姓纳旦松（Nathansohn）。母亲克勤克俭，精明能干，不但家中日常生活照顾得

西格蒙德35岁生日时，父亲把家传《圣经》交给他，并在书上题道："爱儿，……我想圣灵会对你这么说：'勤读我的圣书，你才能够掌握智慧根源。'"下图为弗洛伊德父子于1864年左右的合影。

好，还能供西格蒙德上学，而他也不负所望，自始即展现旺盛的求知欲，努力向上。

前往维也纳：经商，求立足

初期资本主义并没有替商业带来好兆头。经济局势恶化，终至破产。"在我3岁左右，由于父亲所从事的行业大难临头，家产尽失，只好离乡背井，前往大城市谋生。此后多年都是在困境中挣扎。"

债务缠身，不得不逃。像许多穷人一样，收拾

家当往大都会迁移。至少大城市灯光灿烂，似乎给人一丝希望。但弗洛伊德家在维也纳仍然穷困潦倒。这种都会惨境，让弗洛伊德即使年过四十，一旦回忆起来仍然不胜凄恻，把谋生当作人生要务。何况钱赚到了又能怎样？社会地位还是无法更改，而且，最后，犹太人又会遭到驱逐，居留国换了一个又一个。

母亲是位强壮的女人。弗洛伊德极少提到她。下引这段话，可喻为厨房玄学：

"当我6岁的时候，妈妈教我认字。她跟我说，我们都是从土中来，还要回到土中去。我不相信。于是妈妈双掌互搓（就像揉面团一样）搓出些黑黑的污垢给我看，来证明人是土做的。这种证明方法让我感到非常惊奇。"

《梦的解析》

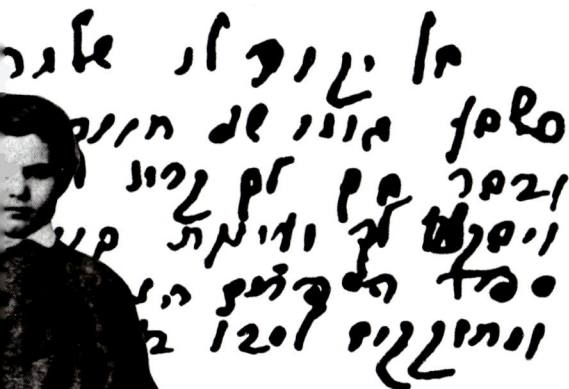

便帽掉在污泥里

在毫无尊严，似乎必须永远忍辱偷生的环境里，为什么能够坚忍硬撑，为求立足于社会而不卑不亢地持续奋斗呢？他父亲曾经讲了一个足资借鉴的故事："当我还年轻的时候，有一天我在你出生的城里散步。那天是礼拜六，我穿着整齐，头戴一顶新貂皮便帽。路上碰到一位基督徒，他一边推撞我，抓起我的便帽丢到污泥里，一边骂道：'犹太狗！滚下人行道！'那你怎么办呢？我乖乖地走下人行道，到泥路上去把便帽拾起来。"

即使后来得到整个欧洲的敬重，他一生当中几乎都在逆来顺受——只是他总努力维护尊严。要是换个人，相同的境遇恐怕会让人变得自尊荡然。

家族都是有自尊心的人。就是潦倒地厕身维也纳犹太区，凭着坚强的意志与宗亲社团的帮忙，雅可布和亚玛莉亚还是挺过去了。弗洛伊德（他原来的东欧话名字叫"西吉斯蒙德"〔Sigimund〕，后来才改成德语的"西格蒙德"）的一生，注定不会在金钱中打滚。不用别人催促，这个乡下孩子自己会往书堆、思想与想象中钻。在这个内心的世界里，他不受干扰。

"热衷书籍……"：认真地思考与梦想

周遭气氛不对劲，小男孩只好少与人交往，以求自保。在寂寞但专注的日子里，他学校的功课读得

根据《圣经》价值观而来的希伯来传统，对弗洛伊德而言究竟有多少分量呢？地缘加血缘，传统价值观遂成跑都跑不掉的家传祖训吗？

两个犹太人在公共浴室附近碰面，其中一位问：'你进去洗过澡吗？'另一个答：'怎么？要出洋相啊？'"

《幽默及其与潜意识的关系》

很好，并大量地阅读古今名著。8岁时，他就读了莎士比亚！

到了中学，在老师与朋友的支持下，他总算与现实世界有了接触，了解社会人情世故，跟新面孔交往，并且吸收新观念。父亲本是他心目中唯一的典范，如今相对地也就没那么重要了。他开始想踏上人行道，跟旁人一样走路，抬头挺胸，昂首阔步。虽然仍是芸芸众生，却不必承受侮辱与委屈。

原本可能压抑弗洛伊德，令他一生庸庸碌碌的传统，总算露出一道缺口。从此，他尽情地学习，不断地扩展知识领域：文学、历史、宗教、神话全都涉猎，认真地思考与想象。终于，他沉迷于语言织就的网。

在他的世界里，语言有两个层次，两个出处。一方面是来自原乡，多彩多姿的犹太史话，在这里

"哲学尚未加入天地运作以前，食色性也，大自然就靠这两样维系世界。"
席勒

面，祖上所累积的机智，传授他面对困境的幽默法则（后来，他就是从这里面提炼出潜意识机制的原理，撰写成《幽默及其与潜意识的关系》，于1905年出版）。另一方面是一种学院式的语言，文学性较强，辞藻华丽，引经据典，无时或忘古来伟大人物。

伟人，无论歌德、席勒（Schiller）、荷马、莎士比亚、梯也尔（Thiers）或汉尼拔（Hannibal），在典籍里都被提升为神话式的人物。这些英雄立刻就成为弗洛伊德自我期许的典范，使他立志一生为大计划、大构想的实现而努力。

学医：为了知识

醉心人文的他，有一段时间想学习法律。然而受到歌德盛名的感召，他转移了目标，走上学医之路。因为医生可以说是大自然与生命力在人世间的化身，同时也是希腊悲剧生意盎然与生理学严谨寂静间的折中点。学医并不是为了行医，而是为了求取知识。

当时在青年学子间流传的《论自然》，一向被视为歌德的作品，以总体观和母爱的眼光看待一切生命迹象。而1859年问世的达尔文《物种起源》又在知识界引起广泛共鸣。两者相加，终于让弗洛伊德选定大学志愿。当时，许多充满热情的大学生都把"科学"当作"真理"表征。同时，经济危机让弗洛伊德的父亲深受其害，

圣贤如歌德，也同样热衷观察，不论是光学、植物学或动物学。本页的素描摘自其笔记：青蛙、蜥蜴与蟾蜍。

这位有雄心的年轻人也以为局势不安，不如选择一门精确的学科。

　　身为远来移民，由于一向从犹太圣书中汲取传统文化，他养成了坚毅的性格。如今，这位青年所面对的人生主要课题是求取知识。

汉尼拔的典范

　　什么是英雄风范呢？此事该从污泥中的便帽讲起。他父亲当年极可能受不了挫折，自认卑微，身为犹太人有罪。然而古有先例，迦太基的汉米卡

1876年全家合照。父亲雅可布时年61岁，母亲亚玛莉亚41岁。西格蒙德20岁，站在后面，介于妹妹安娜与异母兄长伊曼纽尔之间，手放在母亲座椅背上。

（Hamilcar）将军兵败西西里，耳提面命要他儿子汉尼拔誓死向罗马人讨回公道。后来的故事家喻户晓：他雄姿英发，驱使大象翻越阿尔卑斯山的事迹，毋庸赘述。可惜汉尼拔终究没有攻下罗马城。这位弗洛伊德心目中的传奇英雄，其事迹的主要意义便在重建父亲形象（汉尼拔是迦太基人，迦太基人与犹太人同属闪族）。

"我中学时代最敬爱的英雄是汉尼拔。汉尼拔与罗马，在我年少的心目中，各自代表犹太人的坚韧与天主教建制。自此以后，在我们（西方）的精神世界里，这一层意义即表现为反闪族运动，并促成了这个时代的思想与情感。"

重温史事，迦太基人的坚韧不拔深为弗洛伊德钦服，成为他一生效法、追模的对象。自此伟人形象

> **就**在布吕克生理学实验室里，我找到足资取范的榜样。"
>
> 《弗洛伊德自述》

1873年维也纳举行博览会。弗洛伊德不屑地说："这种场面是给爱慕虚华的空想家、漂亮女人以及不用脑筋的人去看的。"

弗洛伊德想要认同的到底是哪一个汉尼拔？是驱象跨越阿尔卑斯山的将军，还是在父亲面前誓言讨回公道的孝子呢？这两者有一个共同点：往罗马前进。第二次布匿（Punic）战争中，英雄所犯的错误，是公元前216年坎尼（Cannes）胜战后没有直攻罗马。侍从官马哈巴（Manarbal）之言永传："汉尼拔，你会攻城略地，却不会乘胜追击。"

深印少年脑中，而少年也决不背离伟人典型。

　　1873年维也纳举行博览会，意在经济危机过后重新粉饰太平，同时使该城像个帝国京都的样子，进而树立城市现代化的榜样。进步的呼声处处可闻。就在这种气氛下，弗洛伊德步入大学。光明就在前面！

1882年维也纳大学医学院成员，包括化学、外科、解剖、病理学、精神病医学等领域的代表。布吕克位于正中。下图则是1885年的弗洛伊德与玛莎。

布吕克（Brücke），以及对实证科学的信仰

大学里，交往的学生都比他富有，但却比他保守。弗洛伊德下定决心不当沉默的多数人。

这只是个开端而已。反正他耐得住离群索居，另有要事可做：一心追随科学家布吕克大师。从1876 年到1882年，他在大师指导下研究神经系统的解剖生理学。这一行对他来说，本是大有可为，后来却因为考虑到谋生问题，不得不中断。诚心诚意地遵循布吕克法则，他不厌其烦地观察、观察、再观察，对象却不是人类，而是水族世界的鳗鱼、虾蟹等等。

观察、发现、理论，这就是布吕克所揭示的科学严谨法则三阶段，弗洛伊德终其一生都奉行不渝。

"维也纳，1882年6月19日。亲爱的，我的宝贝"

他终究要走出既冷又湿的组织学实验室，遗弃鳗鱼，亲近男男女女，走向神经疾病医学。引发他方向大转变的道理只有

一个：小姐芳龄二十有一。一次邂逅使他不再迷恋显微镜与小虫。这位名叫玛莎·贝内斯（Martha Bernays）的女子将成为他的妻子，唯一的妻子。"人见人赞的美妙少女，我第一次跟她见面时，虽然心中设防，到底还是拜倒裙下。她晓得我不敢追求女人，就泰然地走到我面前，使我有了信心，也给了我新的希望、新的活力去工作，而这些正是当时我最需要的。"贝内斯小姐出身汉堡书香门第，与弗洛伊德在1882年6月订婚，1886年9月结婚。在这四年里，弗洛伊德虽然勤读不懈，仍不忘每天写封情书给她。

如果有人想知道精神分析学是什么时候开始的，又是因何而来的，那就该追查这位青年理想主义者的逸事：碰到一位心爱的女子，想要跟她结婚成家。于是他需要赚钱，因此他锁定行业。

在这段时间里，他不断地发现新的以及意想不到的事物。弗莱堡早成过往，而维也纳也不再令他不安。虽然仍跟别人合不来，常是独来独往，却已不再孤单。

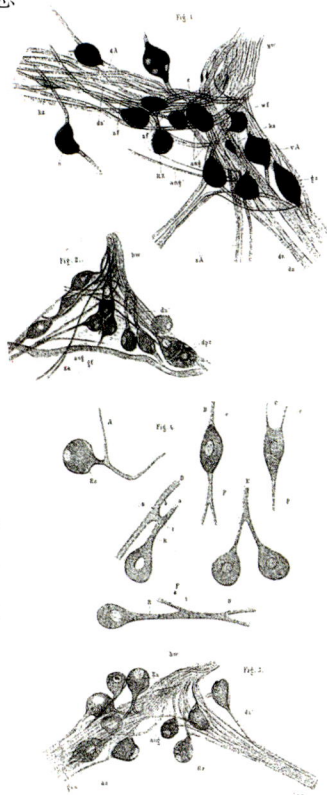

弗洛伊德发现从组织中分离神经细胞的新方法，使细胞容易在显微镜下检视。借助这种新技术，他才能够观察鳗鱼类的脊神经节和脊髓。

计划结婚，放弃实验室的研究工作；

为了划清人生转折点，

弗洛伊德于1885年烧尽原有的文章。

隐约地感到自己将是位大人物，

却又难免自我怀疑。

在巴黎沙伯特利耶医院（Salpêtrière）

待过一段时间后，他总算敢面对命运。

在给玛莎的信中，他说：

"可能有一天会跟夏尔科（Jean-Martin
Charcot）平起平坐。"

第二章

一生转折点

"有段时期，我一心一意求学，志向远大，从而时常埋怨上天不公平，为什么大自然没有赋予我一个天才的头脑。如今，我早已知道自己不但不是天才，甚至连有天分都谈不上。"

致玛莎函
1886年2月

强自忍耐，以古柯碱对抗疲倦

在长达四年的时间里，弗洛伊德娶玛莎为妻、成家立业的计划，处于胶着状态，仿佛实现无期。

1881年3月他取得医学博士学位，随即于次年进入维也纳综合医院，在著名的内科医生、维也纳大学教授诺特纳杰（Hermann Nothnagel）手下当实习医生。当然，在生理研究实验的工作上，虽然他已有不少成名的发现，也就只好放弃。六个月后，他又被任命为梅内（Theodor Meynert）教授精神病部门的助理。于是，神经病学成为他的研

ÜBER COCA.

DR. SIGM. FREUD

Secundararzt im k. k. Allgemeinen Krankenhause
in Wien.

"我最敬重的布吕克大师矫正父亲一切遗我的作风，鉴于我家境不佳，乃劝我放弃理论研究的方向。于是我进入维也纳综合医院（上图）实习。"
《弗洛伊德自述》

究与执业领域。1885年，他发觉古柯碱有麻醉作用。当时人们日常服用的风气盛行，于是他也用以抗拒疲乏，以便继续工作。

在进行古柯碱实验期间，有一次他找机会旅行去看他的未婚妻。几天后回来，却发现他的想法被一位同事"借用"发表。成名机会失之交臂，不但银行户头的钱没有增加，垂涎已久的大学讲师职位也落了空。

大学任用状要延到1885年9月才发布。不是因为他没有真才实学，而是犹太人总是最后一个升迁。没有头衔就难以招徕客户，没有客户还开什么业？只有耐心等待，用点古柯碱抑制怒火。了解他的人，晓得他不会就此罢休，更不会因而消沉。

"远方传来夏尔科的盛名……"

迫不及待与坚韧不拔又如何？反正他是处于四面被封杀的环境里，还好雨过天晴，打通出路的机会到来。那就是巴黎。

他获得一份考察旅行奖助金，同时他对夏尔科在沙伯特利耶的研究时有所闻，想要进一步了解。成天解剖，弗洛伊德虽不讨厌尸体，却也不愿这样过下去。他到底是活人，想要有所改变，他需要新鲜事、新鲜的经历。巴黎与夏尔科有可能为他的思想与工作

"**古**柯碱使我有其他的希望、其他的计划。"

致玛莎函
1885年5月

《**论**古柯碱》一文发表于1884年7月，显示弗洛伊德对这个多重属性的物质相当热衷。两年后，古柯碱证实是种危险的毒品，整个维也纳医界群起指责弗洛伊德。

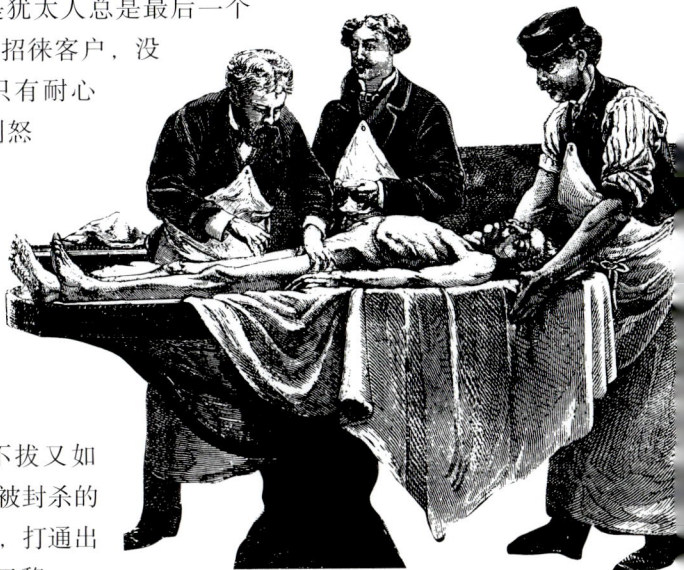

到巴黎去以前，弗洛伊德就察觉到脑溢血的确切后果。可惜他的假设只能用尸体解剖来证明。

带来崭新的动力。在夏尔科才华的映照下，他可能会找到新出路。

巴黎，1885年10月上旬，与大师晤面

弗洛伊德在给玛莎的信中说："我对巴黎有个全盘的看法。我会极有诗意地把巴黎当作庞大、艳丽的狮身

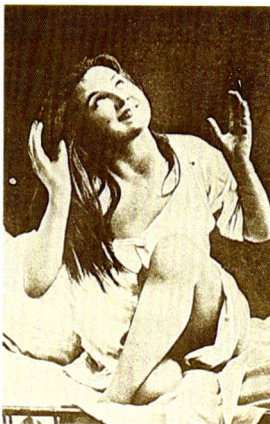

人面怪兽斯芬克斯（Sphinx），专挑难题给外来人。外来人要是答不出谜底，就会让这位女妖吞食掉。"

还是有点土里土气，面对纷至沓来的强烈感受，弗洛伊德心中七上八下，既兴奋又急切，全神贯注地等着好戏登场。终于序幕揭开，大师夏尔科教授出场。

"夏尔科先生于10点钟到达，身材高大，58岁，头戴高顶帽，眼神深沉柔和，面容修饰整齐，长长发绺尽往双耳后梳，轮廓极具表情，双唇丰厚微张。简单地说，这是位入世的教士，神灵附身，可向我们宣示红尘诸善。他坐定后立即检视患者，诊断高明，令我心服，同时也显示他的博学多识。一点都不像我们常见的大人物，一副高高在上的样子，打扮耀眼。虽

在医院景象中最引人注目的是痉挛发作。有些精神病医生，包括夏尔科，都认为这种症状是"精神力激动"的后果。

"诸位！剩下的只有在歇斯底里性下腹髂部疼痛特定点与卵巢本身之间建立相应关系。而照我的看法，虽然不能绝对地显示出来，从卵子体散发歇斯底里性前兆的疼痛，无论是自发或触发的，都是来自卵巢本身。"

夏尔科
《讲义二》

"**我**要详细地告诉你到底发生了什么事。夏尔科这位伟大的医生，明智近乎天才，正一步一步地摧毁我原有的概念与想法。上完他的课就像从圣母院祈祷出来一样，心中充满对完美的新看法，弄得我精疲力尽，下课后再也没有心绪去做我自己的工作，因为这些工作已变得毫无意义。这三天来，我什么事都没做，却是毫无悔意。就像从剧院出来，满头满脑都是剧情一般。下种之后一定会有结果吗？我并不确定，只知道从来没有一个人会对我有这么大的影响。"

致玛莎函
1885年11月

然他没有太亲切地招呼我，却让我立刻感到自在；同时，隐隐约约地，他也露出器重我的意思。"

与真相短兵交接

美好时光在实验室度过，长年双眼紧靠显微镜之后，如今来了这么一个大突变，的确激发了弗洛伊德的想象力。夏尔科诊疗的对象是一些怪异的女人。在夏尔科的影响下，他深信众生真相有一部分要从这些女人的癫狂眼神、扭曲身形以及恍恍惚惚的言语

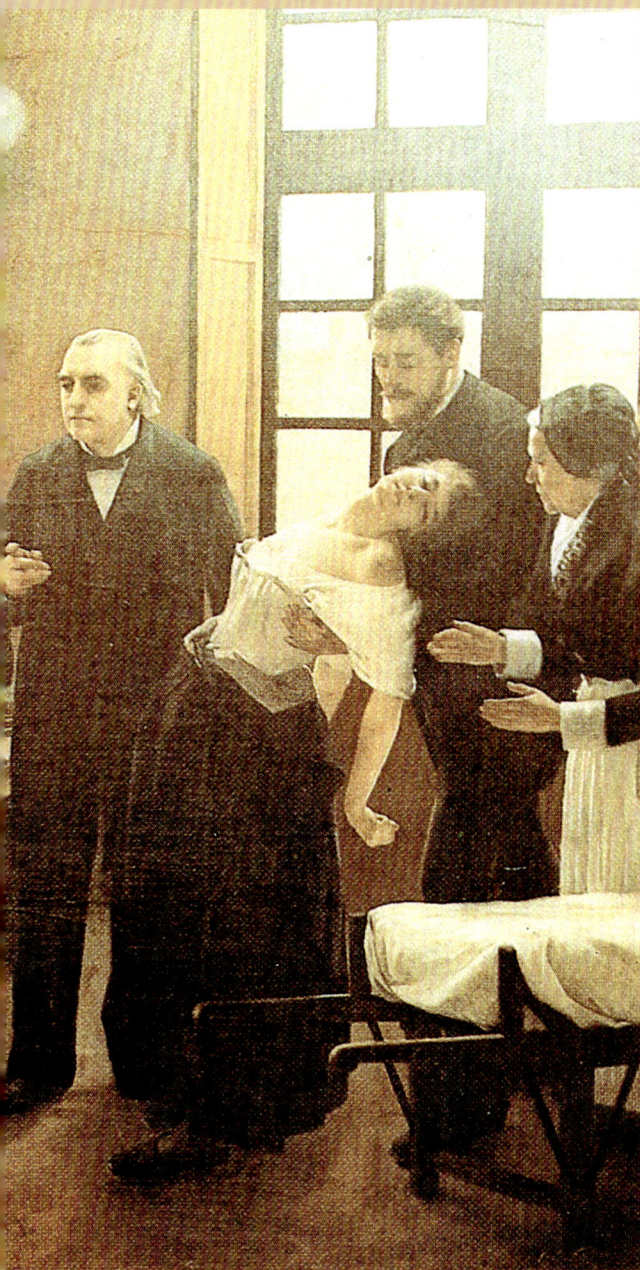

"夏尔科给我留下的印象既生动，又令人兴奋，有点像那十天在你身边的感受。我想，我正在经历一些美好的事，所留下的记忆一辈子也不会离我而去。"

致玛莎函
1886年3月

弗洛伊德敬爱夏尔科，此事毋庸置疑。所谓强烈感情的正面"转移"到底是怎么一回事？这就是夏尔科对他所产生的影响，使他终生难忘。这幅布鲁叶（André Brouillet）的油画，所描绘的是夏尔科在学生面前诊断病患的情形。该画，无论是在维也纳，或是在伦敦，一向都挂在弗洛伊德的办公室。长女马蒂尔德深受此画吸引，常问父亲，画中的女士到底发生了什么事？"她腰身绷得太紧"，弗洛伊德总是这样回答。

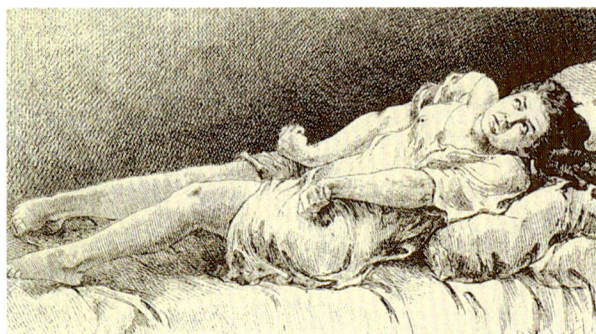

在宗教审判下，女巫的结局总是柴堆焚身，而歇斯底里患者则被判以疯人院禁闭。奇怪的病症令人畏惧，更会使病人肢体发生许多奇形怪状的扭曲。夏尔科曾拍摄下许多歇斯底里病状，其中引人之处在于从正常转入病态的过程。左图是根据相片所作的版画。

中去追寻。这位做事严谨，又在恋爱中的青年，就这么突如其来地跟歇斯底里症打上交道。于我心有戚戚焉！弗洛伊德潜藏的思路为之引发。此后十年探索发现，到时候夏尔科的论调将是小巫见大巫。

知其然，又不太知其所以然。刚脱离维也纳慢慢吞吞的生活步调，弗洛伊德如同受到电击：原来感性宣泄、性欲焚身可以引发此种狂暴。这种冲动，古来都认为是鬼灵附身，不是将受害者柴堆焚化，就是予以长期禁锢。病人的无理取闹，是因为他仍保有模糊的记忆，也就是当年激情之下，无从克制时所演出的情景的回忆与重演。每逢这种情况，向以求知为目的的弗洛伊德决不加以制止，反而拿出笔记本，就病态迹象的爆发详加记录。到底他最着迷的是什么？是夏尔科的对付有方，还是歇斯底里的发作现象呢？

夏尔科常抱怨他的著作没有德文译本。随着与大师日益亲近，弗洛伊德找到机会毛遂自荐，着手翻译《神经系统疾病新讲》。他不但多次成为夏尔科的座上客，而且与巴黎上层社

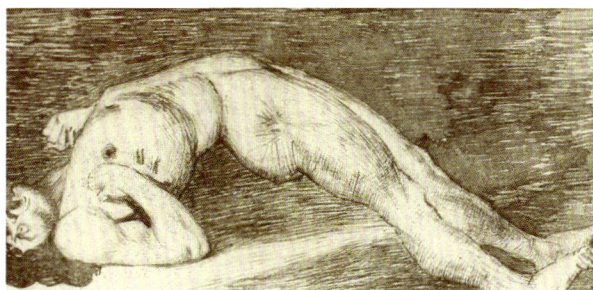

会交往（这下子置装费可就惨了），更是夏尔科思想的传播者。这思想一旦引进维也纳的知识界，将引起一阵骚动。

歇斯底里失控：维也纳人口诛笔伐

Neue Vorlesungen über die Krankheiten des Nervensystems insbesondere über Hysterie.

Von **J. M. Charcot.**

Autorisirte deutsche Ausgabe von

Dr. Sigm. Freud,

Docent an der k. k. Universität in Wien.

Mit 59 Abbildungen.

1886. — Preis 9 M. Geb. M. 10.60.

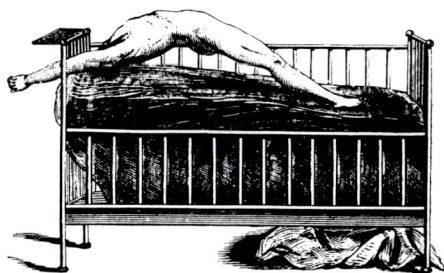

Aus einem Falle männlicher Hysterie.

弗洛伊德离开巴黎，来到柏林某儿童神经病科医院工作了一个月。之后，在万兹贝克（Wandsbek，离汉堡不远）未婚妻家短期逗留，再回到维也纳。他在病童研究所听诊，写写文章，并且在夏尔科与巴黎的"效应"下，开过几次演讲会。

1886年10月15日，他论及男性歇斯底里症。这下子维也纳医师协会起了骚动，大声指责。整个维也纳仿佛受到侮辱，群起声讨。两位医学界权威巴姆贝格尔（Bamberger）与梅内教授，要求他在维也纳

弗洛伊德对各种外文颇有天分，可操数国语言（其后，他讨论病症时的语言也可以当作一套方言来看，常需翻译才能让人了解）。翻译夏尔科著作时，他已经不是第一次从事这种工作。他不但译得好，也极有兴趣。

找出类似夏尔科所说的病例。他的理论被视为标新立异，绝不足取，从此他受到整个维也纳医界的排斥。

开业，戴上结婚戒指

"我跟维也纳的斗争已经开打。话虽如此，要是你也在这里，我一定会抱着你，跟你说，我并没有因此而放弃六个月后娶你为妻的希望。"

意志坚定，决不退缩，弗洛伊德于1886年4月15日，在维也纳的议会街（Rathaus strasse）7号开设诊所。进进出出的虽然不少，却不赚钱。1886年9月13日，他照原定的许诺，跟玛莎成婚。

"我一向希望有一天你会是只属于我一个人的，同时我也深信你对我的情意。除了

从1886年7月到1891年8月，弗洛伊德家居"宽恕之屋"，并于该处听诊。"大体上说，处境极佳。在全维也纳最华丽的楼房拥有公寓，胆敢成婚，并以宽裕人士自居"（1886年8月，致其小姨子明娜·贝内斯〔Minna Beranys〕函中的话）。出身落后不堪的中欧，如今他总算出入华丽，不必对人低声下气。然而家无恒产，早晚仍非搬出去不可。

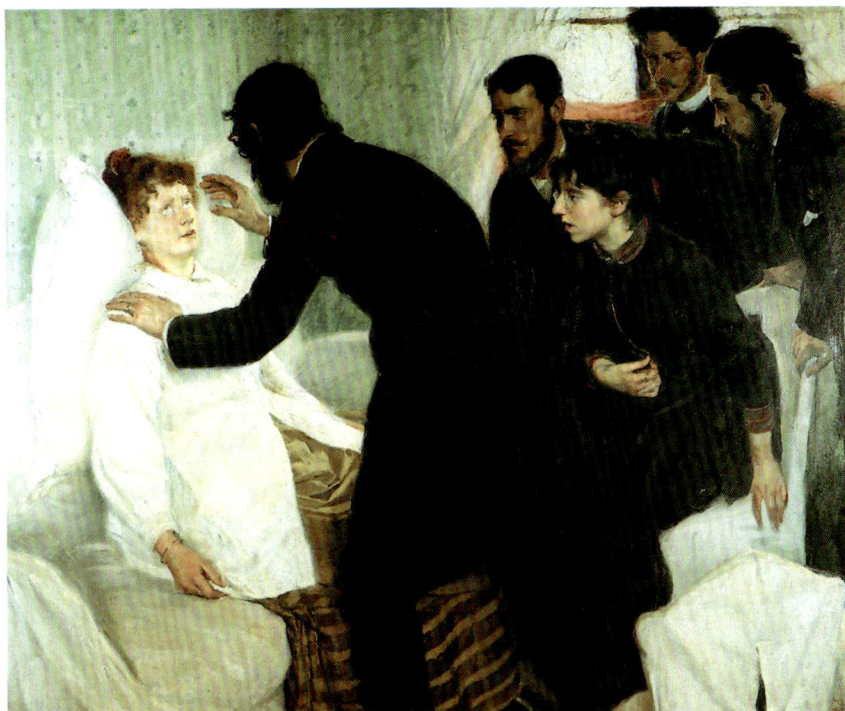

占有你，我没有其他愿望。你是怎样一个人，我就照单全收地占有你。"

太太带来的嫁奁、亲友的赠礼，再加上勤俭省下的钱，弗洛伊德搬进"全维也纳最华丽的楼房"。该地本是座圆形剧场，大火烧毁后重建，命名为"宽恕之屋"，地址是玛利亚·特蕾莎街（Maria theresien strasse）8号。"室内装潢颇有品位，若与楼房的高贵相比则显得太朴实"。他心满意足地定下来。唯一令人操心的，仍是客户裹足不前。不过，还是要挺下去的：1887年，头胎儿马蒂尔德（Mathilde）出生；1889与1891年，又有马丁（Martin）和奥立佛（Olivier）相继来临。

伯恩海姆及其他人所使用的催眠术，在当时是治疗失语症最常用的办法。

神经科医生弗洛伊德，面临突破关头

竭力争取客户，不仅为了谋生，更是为了寻找新的医疗方法。1889年暑期，弗洛伊德动身前往法国南锡市（Nancy），在希波吕特·伯恩海姆（Hippolyte Bernheim）诊所进修催眠术，进一步了解了这种技术的医疗能力。事实上，想要成名并增加收入，他就该照顾病人并予以治愈，这样才有业绩。

电疗法与催眠术所凭借的"工具"只有一个，即对脑部结构的完整认识。弗洛伊德虽然对脑部组织所知甚详，却是从死人的脑部切片得来的。电疗法要有效尚需病人与医生心电感应，换句话说，尚需催眠暗示。催眠术的能耐有其极限，他在夏尔科那里已经知道。在这种情况下，要如何才能达成任务呢？

此外，他很早就发觉"神经"与"神经科医生"的含义有点混淆不清。对神经，他只认识其生理与组织结构，也因为如此，他才会是神经科医生。然而实际上，他的病人虽说

都是因为神经方面的疾病来找他，病根却是生平有过的各种错乱，也就是说，受过无法忍受的干扰。这些私人性质的功能紊乱，不但个个不同，而且颇富暗示性。身为神经科医生的弗洛伊德是位科学研究者，对这种心理上的病委实不在行。

到南锡是去寻求更多资讯。"伯恩海姆对医院病人所做的试验，我是在场见证，同时也感受到心理疗法的极大可能性。这种可能性就藏在人的意识中。"藏在人的意识中，……这种个人不自知的"感觉胚胎"，可以在催眠状态下释放出来。这件事让弗洛伊德大为惊奇，并将引导他发现潜意识的存在。

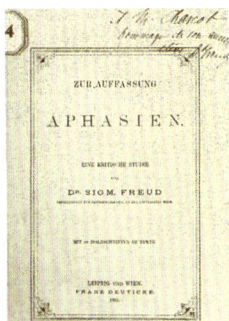

在这本献给夏尔科的失语症论文里，弗洛伊德首次提出"语言中枢位于何处"的疑问。

安娜·O.（Anna O.）个案

在这个行将突破的探索里，他并不是单枪匹马。两位同行友人会扮演举足轻重的角色。可惜就在最后成果达成前，他们分道扬镳了。这两位是布洛伊尔（Joseph Breuer）和弗利斯。

1887年与弗利斯结识时，弗洛伊德对布洛伊尔已经有了距离。然而布洛伊尔跟他之间是有精诚友谊的。布洛伊尔比他

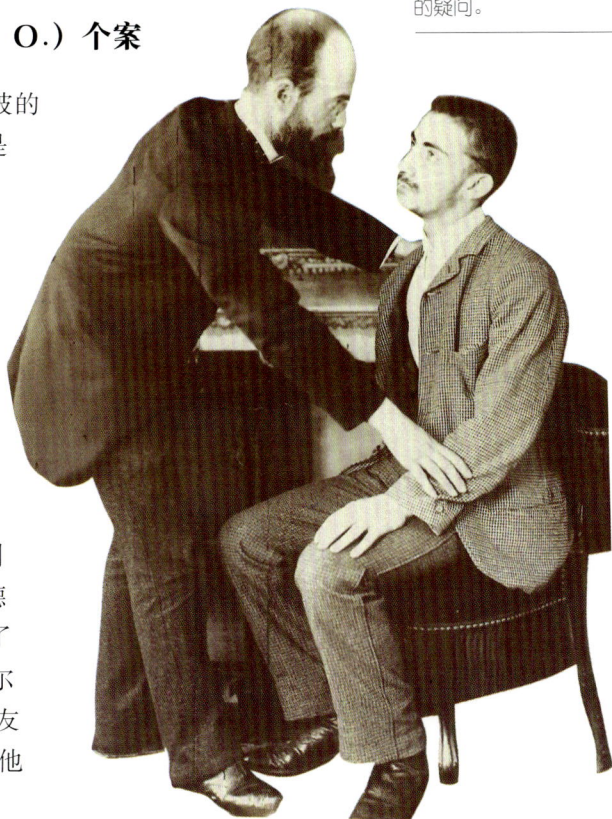

年长，也是医生。大学时代弗洛伊德跟别人格格不入，却常去他家做客，甚而布洛伊尔曾借给他钱，介绍病人给他。正当安娜·O.的病症治疗费劲时，布洛伊尔提供不少讯息给他。这些资讯历经弗洛伊德跟夏尔科与伯恩海姆的各种试验后，逐渐形成潜意识理论的原始概念。

安娜·O.本名贝塔·巴本罕（Bertha Pappenheim），因严重的歇斯底里居家动弹不得。布洛伊尔日夜应诊，只有用催眠术，希望把"残留"在她心中的记忆与不安"清除"，因为这些记忆不但是她无法动弹的病因，更使她只能活在幻觉与恐慌中。这种技术，布洛伊尔自己命名为"疏泄法"（catharsis），亦即情感病因充分释放，让患者"忆及情感上的精神创伤事件，进而把这些事件重新演练一遍"。

布洛伊尔利用催眠释出记忆，弗洛伊德将使用暗示法：手压额前，并一再劝服。

"癔病（即歇斯底里）患者常因记忆恢复而受苦"

"无论症状为何，造成歇斯底里的原因是记忆，是病人心目中重大事故在幻觉上的重演。记忆的内容要不是某件严

18 95年，弗洛伊德与布洛伊尔合著的《歇斯底里研究》出版时，两人已疏远。左图是患者安娜·O.。

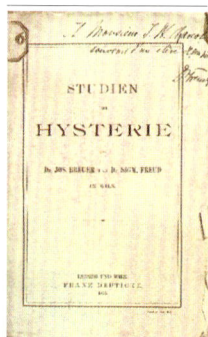

重性足以造成患者歇斯底里的精神创伤，就是在某一特定时刻有某一意外发生，转化为精神创伤。"这是1892年布洛伊尔详述安娜·O.的病例时，弗洛伊德按照自己的行医经验，再三推敲所记下的注语。这是他首次使用心理学名词，也是他第一次不以生理解剖学家和神经科医生身份展现的思想方向。就因为这一转向，他开始跟布洛伊尔意见不合。弗洛伊德会走上这条路虽然是由他引导，却不同意他的生理功能障碍观。弗洛伊德是神经科医生，此时却认为这是人类的心理冲突，而从症候上看，更认为这是与性欲有关的冲突。这种说法，布洛伊尔退避三舍，从而也不愿向弗洛伊德说明他的病人痊愈时曾大声嘶叫，说她怀孕了！这个"性爱医学"的公开秘密，布洛伊尔避之唯恐不及，弗洛伊德反而深入追究，并以此为终生要务。

就在这个脚步加快，思绪重整的时刻，弗洛伊德与弗利斯的书信频繁往来，谈论的正是未来精神分析概念所需的各种状况。他们两人此刻所关注的全都是女人的事，此一概念的形成也将是两人共同的事。

从1887年到1902年，往返书信印证了弗洛伊德的精神医学研究进程，并证实他至少在下列三方面有杰出的发现：压抑及其症状的形成、梦的意义、俄狄浦斯情结（complexe d'Edipe，即恋母情结）的性质。

在布洛伊尔（上图）的建议下，弗利斯（下图）参加弗洛伊德神经系统座谈会，随即两人相互敬慕。

弗洛伊德一生敬业、乐业，常将家庭事务置诸脑后，却仍是六位儿女的好爸爸。他说："三男三女，他们是我的光荣、我的财产。"

弗洛伊德医生，年满31岁，

已婚并育有儿女，

没钱却住进全维也纳最豪华的大厦。

往后十年，他埋头工作。

不懈研究的成果，

连他自己都将感到惊讶。

他是人类有史以来，

第一位正视心灵问题的人物。

他无怨无悔地踏上了这条不归路。

第三章
真相的帝国

多产如小说家，弗洛伊德就在这张书桌上写作。他所热爱的古代人物雕像，对他连贯古今的企图，发挥了不少的助力。他有关潜意识运作的理论，自1920年起，首先吸引了"社会边缘人"——超现实主义者。左页图是马格里特（Magritte）的画作《心理治疗》。

　　性交中断有害身心健康——弗洛伊德提倡这种论调，到底有何依据？对这种事，他又有多少经验呢？然而他所讲的，应该予以正视。他之所以会谈到这件事，是因为他已经听了不少，也就是说，是那些求诊的人已经跟他讲了不少。

　　克罗巴克（Rudolf Chrobak）教授是维也纳医界的妇科权威，曾跟他说明："阴茎重复插入才是正常。"在咖啡馆里，在吞云吐雾与政治传单之间，人们谈论的还不是这种事？不过，对弗洛伊德来讲，还是那些女人说的话要紧。言谈很快地就变成他治疗病患的主要媒介，他的首要手段：从言语之网中寻找病因。

精神分析开山鼻祖极具历史意义的沙发。患者不该看到精神分析师，这是弗洛伊德进行分析治疗时的必要条件。这种躺着的姿势是从前催眠术所遗留下来的。

女人有话要说，医生理应仔细聆听

　　1892年到1896年间，弗洛伊德举棋不定，似乎无所适从，现实又迫使他最好不要讲话。但到后来，

他仍然决意全面放弃催眠术与暗示法。女人总是对他说："听我说！"这种现象令他惊讶，却不会让他不知所措。好！他就听，不管这些病人会说些什么乱七八糟的事，他都仔细地听，然后慢慢地找出其中相互矛盾的情感，再参照实际经验，设法使她们恢复正常生活。

让人讲话与敞开胸怀聆听，这种"技术"实在不像科学模式。这就是所谓"自由联想"的方法。千头万绪中逐渐有了一线曙光。他开始感到性侵扰对神经组织的严重影响，同时觉察到性焦虑在思想里的反常结构会影响到心理生活、人际关系与社会生活。

撕开封条，解除禁忌

奥匈帝国制度下，资产阶级虚伪、怯懦、闲来

"我很早就当了妓女。凡是女人在床上、桌上、椅子上、长凳上、靠着墙或在草地上……在火车上、在军营里、在妓院或在监狱里做爱的姿势，我全都试过。……要不是我有这一招，我一定会像我所认识的那些流浪少女一样，孤苦伶仃而早夭，或者当上老女佣。"

穆尊巴赫（Josefine Mutzenbacher）
《维也纳少女的故事》

无事就担心旧秩序不保，明明是多族群的社会，却一心一意要人相信那是同质性的团体。在这种情况下，弗洛伊德发现的真相要为人所接受，谈何容易！性关系要严守社会规范，不然就是偷偷摸摸，或受奸污却必须忍气吞声。伤害既成，也就只有照古老的办法补救：保密与沉默。于是，禁忌依旧，压抑居然成习。

　　所有生理与心理上的微妙症状都是有根由的。因此，弗洛伊德认真学习，并按照他所熟悉的医学分

在维也纳，人们都是在咖啡馆里碰头。咖啡馆是文化与时事流传的好地方。上图是其中最出名的格林斯泰德（Griensteidt）咖啡馆，外号"浮华世界"。来这里闲谈的，都是些自命不凡而又无所事事的人。

Docent Dr. Sigm. Freud
IX. Berggasse 19,

类法则，在思想里把它们归纳起来。心灵受到创伤的患者原本到处无人愿意接纳、治疗，他却把他们当作学问的泉源，他打破社会禁忌，进而了解到这种新的学问方向不能与性学混淆在一起，受到创伤之后的情绪应该仔细区辨，以免受到曲解。

弗洛伊德家长期住在上坡路19号，从1891年9月一直住到1938年6月去国迁往伦敦为止。

要解除禁忌，弗洛伊德就得面对两种阻碍，两种形式的"抗拒"与"防卫"：当代固有的心理审查与禁制。在那个时候，即便是医生，凡与性有关的事项，连提都不该提起。再者，这些事项本已因压抑而从意识中切除，形成"思想上的空白"，身为医生怎么能再拿出来讲？这种空白，这种意识的丧失，便是压抑之后的空白痕迹，构成所谓潜意识，也就是"病人意欲忘怀，却有意无意地残留下来，但竭力排斥于意识思想之外"的心理纠葛。

弗洛伊德和弗利斯，两位有见识的人结为一体。这两位医生有不少共同点：犹太商人子弟、全心投入科学探索。他们交往时都还开业不久，正设法建立声誉。

"弗利斯时期"：向挚友袒露内心世界

弗洛伊德针对人类的心灵现象，进行这种前所未有的条理化与登录工作时，也借着书信往返，将这些认知与其柏林的朋友弗利斯共享。其实，自

从胆小的布洛伊尔因不敢正视他的学说而与其分手
后，他也只有弗利斯可以共与高谈阔论，畅谈这种
被视为大逆不道的理论。因为寂寞，两人的友情更
加热烈、深厚。

弗利斯是位耳鼻喉科专家，深信科学，自创周
期论：全体人类就像女人之有月经，事事有其周期。
弗洛伊德认为他是位杰出的人才，更为他的科学论证
所吸引。不久，他就利用两人之间的互相切磋，进行
"自我分析"的工作。

自此以后，一方面是渴望求知，想在别人都
没有觉察到的范畴里出人头地，另一方面也
为了开拓客源，增加客户，证实他的新治
疗法的确有效，于是他针对自己所有
的各种情结，按照科学概念，将其
发展过程仔细分为各个阶段。这种
自我发掘的工作，弗利斯可以说是
见证人。好几个月的时间里，弗
洛伊德只有三位患者：自己算是
一个，另外仅有两位！

这是认识论上的头一遭：
主体变成科学的主题。西方思
想上的新境界：内在与外在、
主体与客体自此混而为一。

什么是"梦"

在写给弗利斯的信里，
弗洛伊德说："像我这种人，
生活中怎么可以缺乏激情、
癖好、全心奉献的兴趣呢？
这个兴趣就是心理学。自从

我跟神经症有所接触以来，心理学迷住了我，也成为我的长远研究目标。"其中一个特殊癖好，即是"梦"。

一旦成迷，研究课题遂形同"暴君"，逼人深入探讨。1895年间，弗洛伊德专心诚意，想要了解梦的形成及其意义。虽然有些民俗传说极可能引起他对梦的好奇，事实上却是他的那些患者无尽止地向他叙述梦境，以至于不得不然。逐渐地，梦成为他的研究主题，进而他对自己的梦也开始做笔记，并加以"分析"。于是，捕捉梦境成为这位科学家的重要工作。

身边围绕着一大堆古代雕像，他猛抽着香烟，坐在办公桌后的交椅里，倾听患者的叙述直到深夜，然后试着把患者经历整理清楚，

弗洛伊德经常强调精神分析工作与考古学颇为类似，因为两者都是从事对湮没事物的发掘。自1899年起，他自己也动手收集古代文物。他说："古物让我心情好。它们对我叙述古代的事情、远方的国度。"

弗洛尹德曾在维也纳郊区的这栋房子度过暑假。就在这里，他印证了"梦就是欲望的实现"。1900年6月12日，他在写给弗利斯的信中说："你说某一天是不是会有一块大理石牌匾挂在这幢房子上，写明'1895年7月24日，梦的神秘就在这房子里向弗洛伊德医生揭示'？"

再把这些片言只语拿来跟自己所做的梦比较。他绞尽脑汁，要解剖心灵生活的谜，期盼能用语言说出这"临床上的大秘密"。

　　书信不断，手稿相连，从一个假设到另一个假设，他总算有了自己赖以分析的语言，也就是：不同激情之间的冲突，性压抑转为焦虑，记忆重现，心理转化为语言意象或肢体动作，……穷追不舍，他去芜存菁，把他的工作成果喻为人类考古学的奥秘，其教义为："所有症候几乎全因不得不妥协而形成。"

在梦境里，事情的背后可能另有事在，奇怪的幻象藏有某种意义。右页插图，漫画人物小尼莫（Little Nemo）梦见自己已经长大，却又心中惧怕，想回复原状。

有生命的"文字"包藏着意义

　　弗洛伊德把梦境当作文字，当作谜语或密码来诠解。梦境有两种内涵：一个是"表面内涵"，也就是说梦境里的所见所闻，或事后在白天里所记得的梦中情景；另一个则是"潜在内涵"，也就是说梦的含意、潜意识里与梦相关的事物。既已区分出梦的两种内涵，接下去就要"分析"梦，即予以拆解、解体，把看似一个整体的梦分解为它的各个组成部分，以便从中了解梦的部分真相。梦中的元素，无论言语或形象，构成了梦的整体。每一个元素都是经由自由联想而组成梦。联想像是一连串的跳板。通过这些跳板，我们可以找出真正的思想、记忆或情绪。但是思想等这些要素，却不见得会直接在原来的梦境中突显出来。

犹如文字篇章，梦是由许多有所意指的元素相互交错、连贯而组成。但这些元素彼此之间并不一定有关联，凑在一起也不见得合乎逻辑。正因如此，弗洛伊德有时把梦视为某种"精神病"。这些互不相关的元素经过自由联想而连结起来；要是把它们拆开，个个都是密码，指向梦的潜在思想，做梦的人却是知而不觉。

梦是变了样的思想、情景的征象。这种说法跟传统解梦法大有不同。一向是梦见什么代表某事，不因人而异。如今，弗洛伊德却认为，梦是做梦者变了样的个人生活经历，因此也只有针对个别的做梦者进行解析，才能明了其含义。

1896年10月23日，父丧，梦的教训

从父亲病倒到去世不过四个月。父亲下葬的那天晚上，弗洛伊德做了一个奇怪的梦："我在某家店里看见一句标语：'尊客

梦中景象

传统梦境示意图都会把做梦的人画上（52页为施温德〔Schwind〕所绘的《囚犯之梦》，弗洛伊德视为"欲望实现"的典型。53页为傅斯利〔Fussli〕的两幅作品）。超现实主义者则倾向于突显梦境中不协调的元素，从而"显示隐藏的生活、无法忘怀的人生挫折"。54页为马格里特画作《无忧无虑的沉睡者》，55页为马克思·恩斯特（Max Ernst）作品《摇摆的女人》。

弗洛伊德写给弗利斯的信，见证了精神分析的历史与进展。信中自然也会告诉我们弗洛伊德私人生活的一些片断。这张照片是他与儿子恩斯特，摄于1901年。他一向都与家人一起度假。

尤其对孩子来说，敦姆湖（Thumsee）是个小天堂。……至于我，老是跟鱼儿打交道，也变得笨头笨脑。"

致弗利斯函
1901年8月

请瞑目静待'。这家店我立刻认出是我常去理发的地方。下葬日，因为等待理发，我迟到殡仪馆，全家都埋怨我。标语有两层含义：第一，'面对死者，不可推诿塞责'（既然没尽到责任，要人宽恕，自然含有对'责任'提出辩白之意）；第二，梦来自罪咎感，这种感觉常出现在生者的身上。"

　　无论他对这件事的观感如何，他并没有因为梦的教训而退缩，更没有"瞑目静待"。他再接再厉地钻研，正视他所面对的各种来自人为抑制的

老爸过世对我打击甚大。目前，我感到六神无主。"

致弗利斯函
1896年11月

问题，不愿像他父亲的故事，低声下气地从污泥中拾回便帽。

成败不计，他一心一意就是要质问思想的真相。而他所谓的思想，并不是哲学式的，而是每个人在童年时代所压抑下来的苦痛，几经转折才从梦中、说溜嘴的话中或联想中复现的思想。这种思想意义深远，常存在人的心底，等待发掘。

表象与真相往往难以区分，犹如法语中的l'être（存在，本质）和lettre（文字，书信，表面），在发

音上竟然完全相同，无从分辨。图像可以构成字谜，让人看图猜字，其实语言自身也常常成谜，同音异义每成文字游戏。在给弗利斯的信（德语Brief）中，弗洛伊德发出他的呼唤（德语动词为rufen，其过去式为rief），只不知弗利斯是否接收到了他的信息。

他父亲逝世的时候，他仍处于"孤掌难鸣"的状况。要等数年后他出版《梦的解析》一书时，才有人附和他的说法。在此之前，他另有一项大逆不道的发现，那就是"俄狄浦斯恋母情结"。

重新诠释俄狄浦斯的故事

虽然弗洛伊德自己说过，丧父是"男人一生中最大的损失"，父丧不到一年，他又回到原先的立论：父教反常乃是精神疾病的根源，是歇斯底里症在父亲方面的病因。这段期间，他写给弗利斯的信充满亢奋与焦虑，显示了他进行自我分析时的复杂心境。

弗洛伊德与弗利斯的信函也曾遭遇不少波折。1928年，弗利斯的遗孀把弗洛伊德的来信卖给了某位柏林书商。书商逃到巴黎避难时，又转卖给玛丽·波拿巴（Marie Bonaparte）。弗洛伊德听到消息，想购回以便焚毁。玛丽却以为这批资料颇具学术价值而不肯答应。她把信件存在维也纳某银行保险箱里。1938年纳粹入侵，历经风险，这些信才由奥地利转往伦敦。不过，既然弗利斯的回信缺略，单凭弗洛伊德的来信也无法全盘了解这两人的交往。话说回来，这些信在思想史上仍是重要文件。出版商眼睛雪亮，1950年将这些信付印，书名为《精神分析学的诞生》。

患者至今对他所做的陈述，都使弗洛伊德得出如下结论：父亲的性侵扰常使女儿变得歇斯底里。这些妇女都是性侵扰所引发激情的受害者。这种激情既强烈，又令人不敢想象，正因不可想象而成为禁忌。自此，她们只有凭借肢体动作才能表达这些激情。

父亲过世后，他本来不想再坚持这种指控天下父亲的立论。到底是考虑到后果严重而放弃呢，还是因为他自己的父亲的缘故呢？他父亲总不愿意看到自己的儿子宣扬这种怪论吧！

于是弗洛伊德唯有修改他的说法："潜意识里原不分是非，因此也无从分辨何者是真的事实，何者是因情绪转换而产生的虚构故事（从这一层道理就可引出另一种解答，那就是性幻想的发生总是跟父母这个主题密切相关）。"

由于科学典范的影响，弗洛伊德在写给弗利斯的信中，常在理论文本之外，附简图加以说明。1895年的这个简图被称作"性欲图解"，旨在阐明缺乏性兴奋与心情抑郁之间的关系。

梦幻贵如黄金而现实贱如泥土

现实总是为梦幻所取代。关于这个命题，他原本尚存疑，却逐渐地信其为必然。根据这个假设，仔细搜索童年记忆，他才体会到梦幻贵如黄金而现实贱如泥土。

"我发现，我也一样眷恋母亲而嫉恨父亲。如今，我认为这是天下儿童皆然的现象，但有歇斯底里倾向的要比正常孩童发作得早。事实要是如此，尽管理性必然反对《俄狄浦斯王》剧中对命运的预设，我们却可了解这出悲剧扣人心弦的力量，也可了解何以

神谕预言，底比斯（Thèbes）国王拉伊俄斯（Laïos）之子将会弑父，并娶母伊俄卡斯达（Jocaste）为妻。因此，拉伊俄斯把新生婴孩绑在喀泰戎山（Cithéron）树下。牧羊人见到婴儿，将他取名为俄狄浦斯，意即"双脚受绑"，并带给科林斯（Corinthe）国王收养。成人后，俄狄浦斯亲往德尔斐（Delphes）求神谕。谶语说他要是回乡，注定会杀其父而娶其母。俄狄浦斯以为是不该回科林斯，就转往底比斯。途中与一老者争执而将之杀害，这老人就是拉伊俄斯。其后他遇到斯芬克斯要他解谜，如果答不出谜底就要吃掉他。幸好俄狄浦斯猜出了答案。于是斯芬克斯施法使他变成底比斯国王，并娶伊俄卡斯达为妻。某年瘟疫大起，神谕告知唯有驱逐杀拉伊俄斯的凶手可解。追查之下，俄狄浦斯才晓得自己的身世。绝望之余，他自行挖出双眼，从此到处流浪至死。左图为牟侯（Moreau）所绘《俄狄浦斯与斯芬克斯》。

后世的‘命运戏剧’总是注定失败。我们不禁会厌恶（后世戏剧中）那武断、任意的（命运）驱力，……但这则希腊传奇捕捉到的驱力，人人认得，因为每个人都察觉到它就存在于自己内心。观众席上的每个人都曾经是这样一位俄狄浦斯——在婴儿时期或梦幻中。"（摘自1897年10月致弗利斯函）

终于走进罗马，现实与心理的困境同时解除

　　从此，弗洛伊德观察与倾听的方向起了变化。他不再搜索每位患者实际生活中所受到的心理创伤，而是试图了解每个人所有的梦是如何造成的。自己的观点起了这么大的变动，他认为是件可喜的事。1899年《梦的解析》出版时，书中论据全有古希腊悲剧可资查证。因此，怀有敌意或持冷漠态度的人士，除了冷嘲热讽之外，究竟对他无可奈何。他终于可以一如汉尼拔的典范，"进军罗马"，并被任命为大学副教授。

　　罗马是他少年时的梦中仙境。自从他能够出外旅游经历，他就深为地中海文化气氛所吸引，也到过意大利。但不知为何，总是无缘去罗马。那时，在维也纳，虽非吴下阿蒙等着讲师的位置，却迟迟没有教授职位的聘书，甚至可以说是该绝望了。四处碰壁，内部人事倾轧，着实令人苦恼。

　　把父亲放进俄狄浦斯格局里时，很奇怪地，他等于挽救了自己的前途，自此不再怀才不遇，平步青云地面对通往罗马的大道。晋升之后，他总算有权在罗马古文物环绕的气氛下，平静地抽雪茄、受尊重。

　　突然间，与弗利斯书信往返变得没有必要，而妨害他成就的有形或无形障碍也烟消云散。生意上门，可以公开地执业，从事精神分析，而不必有所顾忌。

在《梦的解析》（右页下图即此书扉页）序中，弗洛伊德引用古罗马诗人维吉尔（Vingïle）名著《埃涅阿斯纪》（L'Eneïde）的话："要是我能够打动天庭，我也将大闹地狱。"这种作风是否也可以应用在大学任用之事上呢？官方百般刁难，不让他如意升迁。上面走不通，他就挖地道，非成功不可。

地位获得公认，人类思想进入新的纪元

"事事如意。《维也纳时报》还没有报道，官方已将我的教授任命广为流传。社会大众的认可不用说，祝贺与花篮蜂拥而至，就像'性'的应有角色受到国王陛下公然认可，梦的真义也受到部长会议证实，而歇斯底里症需用精神分析疗法的主张，更在国会以三分之二的多数通过。一下子，德高望重，崇拜者在街上，老远就举帽示敬。"弗洛伊德以诙谐的口吻告诉朋友，他的升迁乃是一种"政治上的胜利"。

时至1902年3月11日，在维也纳，环城大道艳阳春意浓。该晚，国家歌剧院在马勒（Gustav Mahler）指挥下演奏歌剧《女人心》，场场满座。这时候弗洛伊德已有46岁——或者该说弗洛伊德仅仅46岁而已，儿女成群，父亲已过世，并且总算不再与世格格不入。他是某种人文现象的发现者，某种人类不能再视而不见的事实，从此因他而公诸于世。

> "如今我应该把我对罗马的印象告诉你，只是难以形容。像你所知道的，……这是我长年的梦想。也因此，见面不如闻名，久等之后总会有点失望。"
>
> 致弗利斯函
> 1901年9月

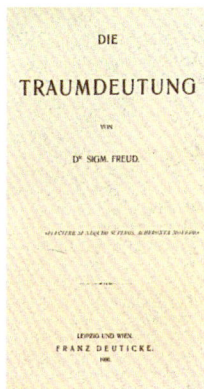

DIE

TRAUMDEUTUNG

VON

Dr. SIGM. FREUD.

LEIPZIG UND WIEN.
FRANZ DEUTICKE.

"**自**1902年起，

有些年轻医生追随在我身边，

用意当然是想学精神分析，

以此为业，并广为流传。

……我们达成共识，定期在我家会面，

按照某些规则从事学术讨论，

希望能够为这个仍在摸索中的研究领域

找出一个大方向，

并吸引其他的人来共同参与。"

第四章

精神分析运动

左页图是达·芬奇画作《圣母、圣婴与圣安娜》。1910年弗洛伊德分析这幅画，提出论文《达·芬奇和他的一个童年记忆》。在这篇"精神分析小说"中，他揭露这位意大利艺术家的神秘人格。右图，参与美国之旅的成员和克拉克大学人员。

维也纳的气氛自古就是迟钝，难有反应。弗洛伊德光荣地受到正式任命，总算在四周激起骚动。虽然他的生活习惯仍是我行我素，不做修改，却已不再因追求真理而受难和空等教授任命，更不会寒窗下无人闻问。

好戏连连。继1899年《梦的解析》之后，1905年他又出版《杜拉（Dora）个案》与《性理论三讲》，好让对梦的研究落实结果。他的书并不算畅销，只有少数人了解其价值，但接受其理论的人都认为他讲得很到位。梦与性竟成为注意焦点，不会不引起回响和骚动。知情的大众不是受到吸引，就是竭力排斥。爱恶分明，没有中间人士。

他就像跳越思想障碍的战马，脱缰而去，横冲直闯，不知迎合时代，难免得罪人，引起误解。

性理论另一章

"我晓得至少在我们这个城里，有很多医生并不认为《杜拉个案》对神经症的心理病理学有所贡献，反而视之为有违常理，把它当奇情小说来消遣。我可以郑重告诉这类读者，此后我将发表的病例，个个都会出乎他们意料。唯限于替患者保密，这些素材我不能样样公开。其中有一病例倒是不受限于职业保密规范，何况情境也不得不然。于是双方坦白，毫无遮掩地讨论性关系、生殖器官与功能都直呼其名。看了我的报告，道貌岸然的读者一

弗洛伊德1906年的照片。"这是我第一次受到官方尊崇，但愿尊崇之余尚有报偿。"

定会说，我怎么可以跟年轻的小姐，这样粗言粗语地谈论应该隐讳的事呢？难道我这样子做还能自我辩白吗？"

　　尤其是在《性理论三讲》里，他不但扩大性概念的意涵，并指出人从婴儿期起便有性冲动——这些性冲动便是后来个人心灵生活形成的要素。力求避免引起误会，弗洛伊德还特别澄清说：精神分析绝非主张一切与性有关。

人们把性的苏醒当作青春期的事。弗洛伊德认为大错特错，性欲早在婴儿期就已存在。

星期三聚会

　　奥地利非学院派的画家克林姆（Klimt）与席勒（Schiele）的人体画像，不守古典规范，常一丝不挂，又带有色情意

味，于是争议在所难免。就在这个时候，弗洛伊德正持续地全力与敌视他的人士对抗。这些人着意抹黑他，说他标新立异。不久，渐渐有一些医生、心理学家与作家加入他的阵营。原本以他的著述为主的讨论，演进成以他本人为中心的运动。这个由弗洛伊德主导的精神分析运动，自此从未间断，并对思想史产生重大影响。

从1902年起，一些有心人每周三在他家聚会。其实，与弗利斯交往中断后，弗洛伊德也该有人来倾听，来接近他了。刚好有位他的患者，维也纳的斯特凯尔（Wilhelm Stekel）医生，建议他跟别人分享思想。

开山扬法，徒众只有四位，地点就在弗洛伊德家的客厅。啤酒一杯接着一杯，一边品尝玛莎所做的糕饼，空气中弥漫着弗洛伊德喜欢的雪茄味，精神分析的心法于是在亲密的情谊中传递开来。

支离破碎的时代

当代，像这样由一人担当的行业与理论，所能发生的作用是什么呢？这件事不能全靠弗洛伊德一人的才智、魅力与善意。神经病的治疗与精神病收容所，也不足以展现其潜力。这个时代的艺术与雕塑形式，都反映人类的情绪和思想出现不安与支离破碎的现象。欧洲的心智与文

化生活成了战国时代。叔本华（Schopenhauer）、尼采（Nietzsche）、陀思妥耶夫斯基（Dostoïevski）、斯特林堡（Strindberg）及韦德金德（Wedekind）等，百家争鸣，把人性光明正大的一面撕得一干二净。而马勒的音乐也开始谱出不协和的奇腔异调。

　　处于这样的精神困境，哀伤无益，但信心的确尽失。多少前所未有的棘手问题出自人口，传入弗洛伊德耳中。就在他的工作室里，他把这些其他人不敢接纳的疑难杂症收下来，竭力理出头绪，找出办法。人们会去找弗洛伊德，正证明他们对自己的人格完整性生疑，甚而因人格分裂而受苦受难。

　　对人自身的认识不足，对人性也不能掌握，于是人类对自己总需要寻求新的认知。但新认知尚未构成一个完整体系，仍处于摸索前进的状态，因此就难免演化成众说纷纭的局面，争议时起。

上坡路19号的楼房就像这条街道大部分的屋子一样，高大而又体面。弗洛伊德在这栋房里占有两层：一楼是诊所与办公室，二楼是住家。两层之间，弗洛伊德一日数次上下楼梯。有时两个病人问诊之间，他也会上去看看。生活规划得很好，他尚有余闲出去走走，买个雪茄或到维也纳市外环道去散步。左页的涂鸦是某次星期三聚会时留下来的。

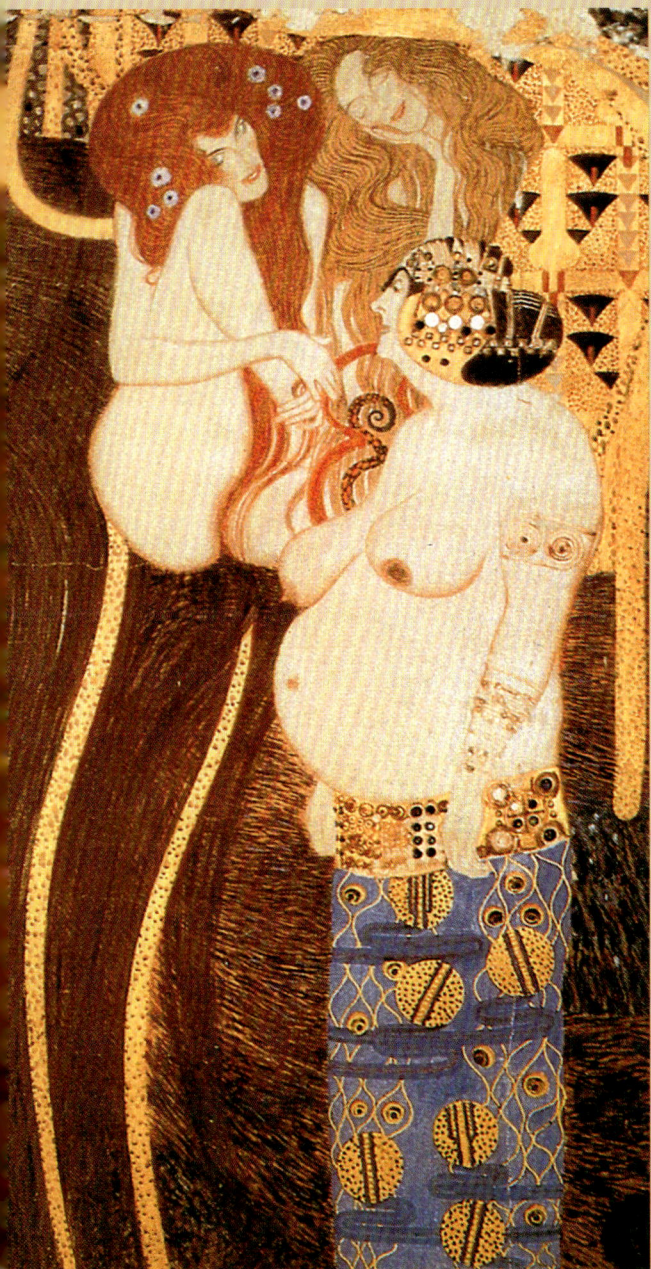

眼看奥匈帝国日趋
败落，心忧的维
也纳市民要不是假装道
貌岸然，就是放浪形
骸，借舞会与轻歌剧作
乐。对这种政治与社会
现状，有识之士的反应
是转向内心世界。弗
洛伊德探索心灵而创
立精神分析学。在绘
画界，克林姆及其分离
派（la Sécession）画家
习于转换原有人物绘画
背景，追求表达外表与
真相矛盾的新方式。左
图是1902年作品《贝
多芬雕像装饰壁画》的
局部，主题为"敌对势
力"，所表达的是人类
因邪恶的势力而永远无
法圆满。数年后，
席勒的画作故意把应该
隐藏的人体部位强力突
显，以表达激情、欲
望、梦想、苦痛、狂欢
（见70页，1911年的
《裸背》；71页，1917
年的《坐姿女郎》）。

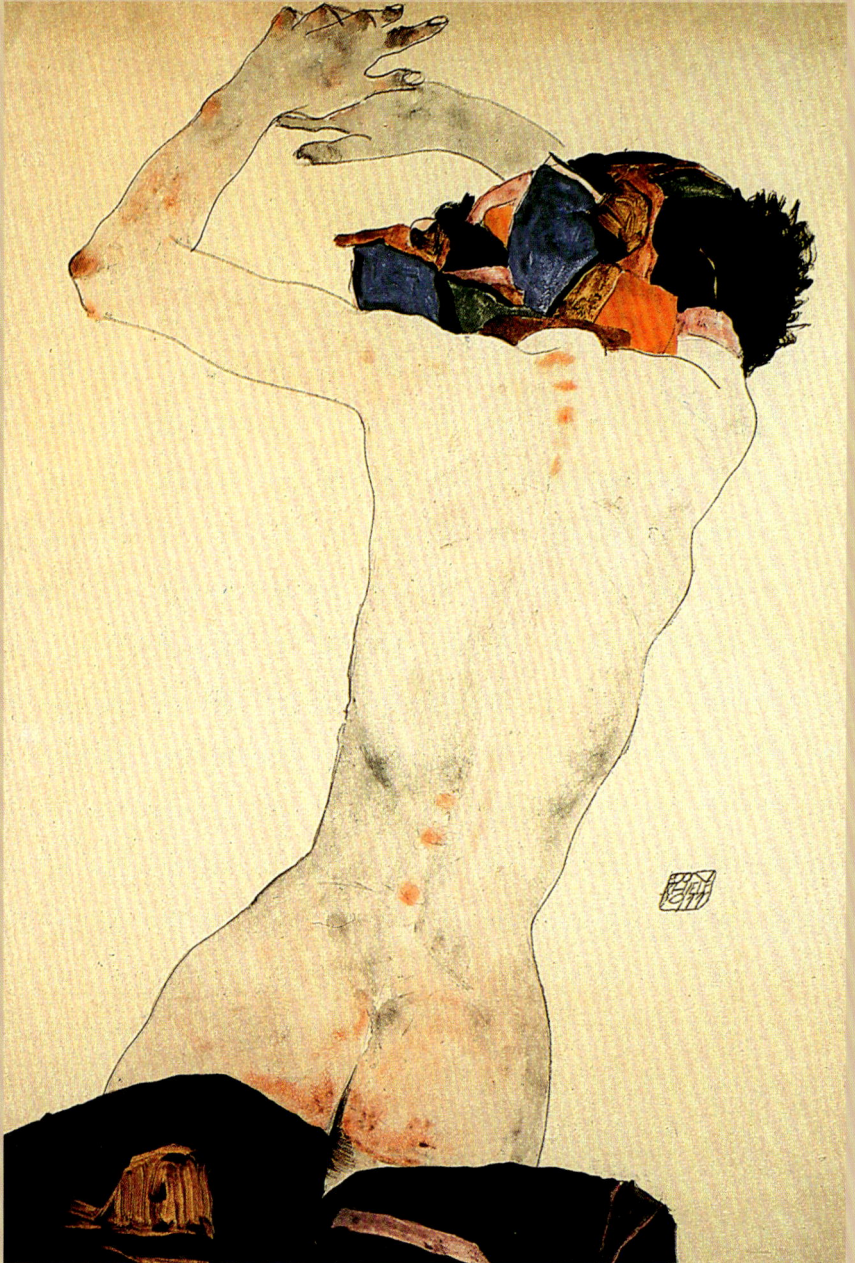

早期门徒，在沉静中成长

离开学术氛围死寂的维也纳市中心，步行25分钟就到上坡路19号公寓。在公寓楼下，新认知正在酝酿。既没有兴风作浪，也不必攻击别人。弗洛伊德跟同志们，正逐渐重新组合人类的知性。

四方都有闻风而来的人，加入新学说的探讨。就像法院对案件的审判一般，应该让人开口讲出事情真相的另一面，然后再上诉，寻求翻案，直到再无疑义。然而他们审判的是什么呢？人性。

"**我**想跟你讲，……深信早晚有一天，在素未谋面的人群中会有知音出现，而这个知音就是你。"

致荣格函
1907年6月
（左图即是荣格照片）

荣格，"亲爱的朋友和同行"

数年困居小圈子里，勇敢地从事某种"受尽诋毁，又不见得将来有利可图的行业"，终于在1904年，弗洛伊德收到一封令人鼓舞的信——举世闻名的严重精神病治疗专家布洛伊勒（Dr. Pr. Bleuler）的信。布洛伊勒执业于布哥兹利（Burghölzli）诊所，在瑞士苏黎世。此前，布洛伊勒曾就弗洛伊德的研究报告提出公开评论，而青年学者荣格（Carl Gustav Jung）也已在非公开的场合热烈回应《梦的解析》。

1902年，荣格发表博士论文《所谓神秘现象的心理与病理》，对弗洛伊德的理念，除其性理论外，备极赞扬，并于1907年3月亲访上坡路19号。既被公开尊为精神病医学的前辈先进，1908年9月弗洛伊德前往布哥兹利拜访荣格，作为对后进的回报。

在此之先，1906年，弗洛伊德并不轻视后进，已自行购读荣格所著《联想的诊断研究》。这本书

弗洛伊德毕生与他所收藏的古物为伍。这些古物不但满足他的好奇心，也提供收藏之乐。这些物件时时提醒他：天外有天，世外有世。古物所塑造的并不是古人与今人共有的宗教场所，而是确立人类历经时间，代代相承的关系。这种关系与神游古代的时刻使弗洛伊德深信，是人就无法与远古断绝关系。

1938年5月，听说弗洛伊德不胜纳粹骚扰，正准备离开维也纳，摄影师恩格曼（Edmund Engelman）决定把弗洛伊德的公寓和办公室原貌，用照片保存下来。恩格曼本身也是犹太人，在紧急情况下要去拍摄，其危险可以想见。须知盖世太保是24小时监视弗洛伊德住家的，他只好不开灯，也不使用镁光，以免引起注意。所以这张照片是非常珍贵的，也相当感人。

没有任何一位患者会想到精神分析工作室原来是这么一种景观，更少有人知道这里几乎是一个古物博物馆。古物来自埃及、希腊、罗马以及东方。举目四顾尽是古物，古物所显示的正是弗洛伊德的想法。这种场所令人立刻有年代久远的感觉。往昔的雕像虽然不言不语，其沉默却胜于雄辩。来访患者可以在这里追溯自己的根源、烟消云散的往事。"

兰索霍夫
（Rita Ransohoff）
《相片传奇》

后来荣格又亲自再赠送他一次。从此之后，两人书信往返，极为密切，一直到1914年两人分道扬镳为止。

亲密关系与科学因缘

　　两人的交往对精神分析运动史的展开至关紧要，而两人的交往要素，可用亲密关系与科学因缘来形容。有缘千里来相会，但两人的交情外人难以了解，也颇富戏剧性。无论如何，这种关系的最重要后果，是导致精神分析学上所谓"转移"（transfert，移情）现象的出现。此一转移问题到底是两人交往的原因，还是结果，就不必细究了。总之，两人既热情交往，也冷静切磋。从此以后，"精神分析"一词挂在人人口上。

　　热情洋溢的转移作用对弗洛伊德而言不见得有利，因为年轻的荣格雄心勃勃，自有主见，并且一往直前，无所畏惧；更严重的是他根本不是犹太人，而当时反犹太风潮已经形成。他没有发觉荣格早有神秘论的倾向，而此一论调必然使他不能认同性在精神分析上有任何重要性。

　　荣格既是门徒，也是密友，扮演着关键性的角色。弗洛伊德把他带进维也纳与瑞士精神分析家的圈子里，可惜弗洛伊德对种种"移情"症状从不愿正视。移情会使人认错人，导致精神分析家之间勾心斗角，既彼此相亲又相恨，既相互吸引又相互排斥。

国际组织与学术传授

　　精神分析之所以会在苏黎世受到公认，蔚然成

创立于1912年的《图像》（Imago）是精神分析运动正式刊物之一。刊物内容所讨论的是"心智的科学"。荣格在与弗洛伊德分手后，其理论当中"图像"一词将成为一个重要的概念。

维也纳的门徒们在弗洛伊德50岁生日时送给他的徽章。希腊文题铭出自索福克勒斯（Sophocle）悲剧《俄狄浦斯王》："谁人能够解开此一绝妙之谜，应是一位位高权重的人。"纪念章的另一面是弗洛伊德肖像。

风，一方面是荣格的功劳，另一方面也是由于布哥兹利诊所中阿伯拉罕（Karl Abraham）、埃廷冈（Max Eitirlgon）、努伯格（Hermann Nunberg）及里克林（Franz Riklin）等诸位信奉弗洛伊德教义的医生的努力。"精神分析之所以能够受到公认，是因为苏黎世各位先生形成核心，极有斗志。目前我的同志与合作者，大部分都来自苏黎世。"

1908年，经由私人召集，在奥地利西部的萨尔茨堡（Salzboturg）召开了这个人性新探索的第一次国际会议。在这次会议里，弗洛伊德发表了《鼠人》，一个强迫性神经症的病例。会议结束时，决议出版期刊《年报》。这本刊物就此成为这个新领域的资讯泉源、学理进程的具体表现。身边尽是拥护者，于是弗洛伊德创立了一个国际组织，负责传播理念及发扬学理。

玛莎是弗洛伊德年轻时热爱的对象。夫妻彼此相知甚深，也彼此奉献。就如琼斯所言："53年的夫妻生活里唯一会起'争执'的重要问题，就是煮洋菇时到底是该去茎还是不去茎。"上图是1911年弗洛伊德和玛莎的银婚纪念照。

"他们不知道我们给他们带来瘟疫"

精神分析如今已经变成国际事务。1909年，美国克拉克大学（Clark Unversity）校长荷尔（Stanley Hall）邀请弗洛伊德渡洋到波士顿附近伍斯特（Worcester）校址演讲。他一共开了五场演讲会，稍后演讲稿整理为《精神分析五讲》一书出版。他还接受了该校的荣誉博士学位。

荣格、匈牙利医生费伦齐（Ferenczi）、多伦多大学教授琼斯（Jones），以及纽约精神分析家布里尔（Beill），全参加了这首次的旅游讲学。弗洛伊德自此赢得那一代美国人的爱戴（令他感动得在波士顿某家餐厅当场晕倒），从而他也有一句话始终不敢说出口："他们不知道我们给他们带来瘟疫。"此后，以科学社团的方式，各国相继成立各自的精

弗洛伊德、荣格、费伦齐、琼斯与布里尔，中坐者是克拉克大学的荷尔教授。"吾等多年努力，首次受到公然承认。"

"谁料得到在那么远的美国，火车车程离波士顿一个钟头的地方，有位年长的绅士着急地等待《年报》送达，详读并完全了解刊物中的文章'为我们说话'？"

致普菲斯特尔（Oskar Pfister）☒
1909年10月

神分析学会。

　　各国学会于1910年3月在德国西部城市纽伦堡（Nuremberg）召开第二次国际大会。其后又于1911年在魏玛（Weimar）、1931年在慕尼黑召开。在几次大会上，弗洛伊德、荣格、费伦齐以及阿伯拉罕的研究报告，观点愈来愈富创意，论述方式也愈严密，研究范围更大大地超越了心理病理学的境界。

玛会议留影。前排颈项围皮毛者是弗洛伊德的学生、知识界的著名女子安德烈亚斯－莎乐美（Lou Andreas－Salomé）。这群人将向全欧洲宣传弗洛伊德的各种发现。

接二连三的新发现

　　精神分析绝不凭借辞藻装腔作势，也绝不会只抓住单一见解，就围绕着它原地踏步，复制抄袭。每次出版、每次国际会议，弗洛伊德都提出新的创见，并把探讨的方向指向美术与文学等方面。

　　例如1907年的《詹森（Jensen）小说〈格拉狄瓦〉

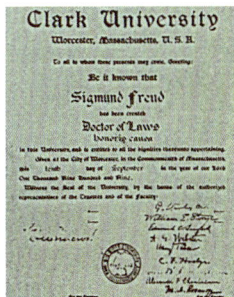

弗洛伊德与荣格初交往时，荣格曾介绍一本书给他。作者詹森是位不太出名的德国作家，书名为《格拉狄瓦》(意即行进者)。故事是以某位考古学家因某位少女体态轻盈、细步行进而引起的幻觉为中心。那位少女，依考古学家的想象，是个被埋没在意大利庞贝(Pompei)古城的希腊人。弗洛伊德对这故事非常热衷。1907年，他写了一篇讨论这故事的精神分析评论，题献给詹森。此后一生中，弗洛伊德非常喜爱此一浮雕(左图)中少女的优雅气度与轻盈体态。弗洛伊德把石膏复制品挂在工作室的墙上(上图)。

(Gradiva) 中的幻觉与梦》和1910年的《达·芬奇和他的一个童年记忆》，都显示弗洛伊德是位发现专家，总能信手把心灵生活难以捉摸的纠葛突显出来。在弗洛伊德以前，这些纠葛只有在小说的情节里才看得到，不然就是出现在无可救药的病理学重病例里。

维持原方位前进

意见不合，终至分手。荣格与另一位重要同志阿德勒（Adler）的相继离去，对弗洛伊德所推广的运动实在是一大打击。这些事的根本原因并不仅是私人纠纷而已。就像后来法国精神分析学家拉冈（Lacan）所言，每当分离，弗洛伊德总是坦诚地自我批评，因为要紧的是如何使"真理的犁刀保持锋利"，以便继续耕作。

自我批评之余，仍然只好分手。他是位明智的带头人，无论如何，维持原方位继续前进才是要务。

弗洛伊德及其门徒无意形成理智上与心灵上的新官僚架构。他们着意的乃是精神分析师养成的基本问题：精神分析能够再现、诠解人性中最深的层面，即言谈所隐约指涉的潜意识，事关紧要，所以有必要为分析师制定规范，提出一套伦理观。这些规范，在弗洛伊德生前，就已施行于当代"最弗洛伊德派"的精神分析家之间。由此可见，分析师所以受到肯定，专业知识固然重要，对真理的执着更不可或缺。而这就表示，由于事关人类言谈"从父到子"，世代相承的传递与再生，精神分析的抗辩可能既纷杂又危险。

正因为活生生的人类言谈会一再衍生、传递，德国纳粹遂执意以集体屠杀的手段，予以"消音"，灭绝像弗洛伊德那样坚持真理的人。

"对卢浮宫里的达·芬奇画作《圣母、圣婴与圣安娜》，普菲斯特尔有某种怪异的发现。他的猜想虽然不宜全盘照收，却也并非毫无意义：玛利亚披挂的大衣在画中的安排方式相当特殊，令人难以理解；但他察觉，其造形像是'秃鹰的轮廓'（生育的象征），可以解释为'潜意识的图画字谜'。"

《达·芬奇和他的一个童年记忆》

"吾道不孤，处处有所进步。

事实虽然如此，

却千万不要以为我会沾沾自喜。

身为精神分析学家，

个人所能从中获取的乐趣，

我当年单枪匹马时已经得到过。

自从他人加入我的行动以来，

乐趣不再，反是麻烦常有。"

致普菲斯特尔函

1920年12月

第五章

事情怎会变成这样

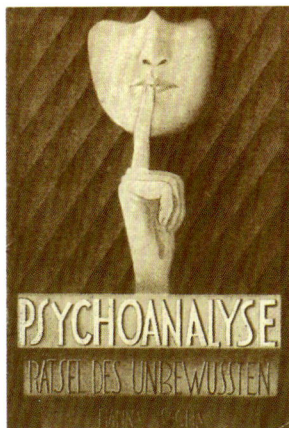

美国人想以精神分析为主题拍部电影。他们找到阿伯拉罕，要他写剧本。阿伯拉罕告诉弗洛伊德，弗洛伊德拒绝说："精神分析理论是抽象概念，是无法具体表现在电影上的。"左页图是弗洛伊德和他女儿安娜在开抵巴黎的火车上。

道理既然有人信服，为何还不能称心如意？曙光已现，为何仍闷闷不乐？弗洛伊德在成功之前，到底已付出多少代价？"对我来讲，精神分析运动可分为两个阶段：第一阶段，我是单枪匹马，事事躬亲，时间是从1895与1896年间到1906与1907年间。从那时到现在算是第二阶段，门徒及合作者与日俱增，每人都有所贡献。如今既知吾道不孤，个人又身罹绝症，去死不远，内心实在安慰，我不妨停止应有的工作。"

细胞组织病变

1925年《弗洛伊德自述》发表时，弗洛伊德年届69岁，也就是说，他还将在尘世度过14个年头。从1917年起，他的口腔就有细胞组织病变的症状，原因显然是吸烟过度。后来，癌细胞扩散，弗洛伊德只好在1923年4月20日动手术。此后苦痛不断，再三动手术，进而必须带假颚——他所谓的"残忍怪物"。

跟另一位门徒赖希（Wilhelm Reich）分道扬镳时，刚好是他癌症开始萌发及国际精神分析组织差不多完全确立的时候。1920年，在《超越享乐原则》一书里，弗洛伊德将"死亡冲动"——也就是生存本能的反面——理论化。这种冲动会把人的反应力逐渐降低，终至生机全无：物必自腐，尔后虫生。"一切有生之物的死亡必然出自内在原因。"

此一格言不但适用于弗洛伊德个人的生死，也适用于他的理念发展及精神分析运动的过程。且看此一运动不断扩张，又不断分裂，覆辙重蹈竟无从避免。"死神"（Thanatos，弗洛伊德用以称呼他所谓的"死亡本能"）乃是"爱神"（Eros，"生存本能"）的反面，总是不声不响地瓦解一切。

格罗德克（1866－1934）是位医生，也是作家与精神分析家。弗洛伊德1917年写给他的信说："我自认有权对你说这种话。我不得不承认你是第一流的分析家，的确能够紧抓事情的根本。

任何人，只要相信转移与抗拒是心理治疗的两大支柱，就应义无反顾地加入我们这一群野蛮人。"精神分析中的重要概念"本我"（德语es，法语ç，英语id），是格罗德克首先提出的。但他主要仍是位治疗专家，关心的全是治疗问题，一向被视为与众不同的分析家。

上图是弗洛伊德跟女儿苏菲亚的合照。苏菲亚之死对他来讲是残酷打击。"子女死亡是件严重的事，等于是自己死掉一部分。而所谓的丧事，只不过是事后跟随而来的。"苏菲亚的最小儿子海内勒（Heinele）三年后也跟着过世，年仅四岁半。

"爱神"为"死神"所击败吗？"生命的终极目标都是死亡，……生物尚未到来以前，无生物早在那里了。"1925年5月，弗洛伊德写给安德烈亚斯—莎乐美的信说："好像事事都提不起兴趣。"生命冲动、欲望和活力，好像都变得与他无关。

危疑不安的前景，沉浸于原始世界

世事不由人。第一次世界大战期间，他跟别人一样有经济上的问题。但最使他铭心刻骨的是两个儿子开往前线作战，以及战后1920年女儿苏菲亚（Sophie）因流行性感冒过世，和1923年孙儿夭折。

尽管如此，他仍然用心工作与著述。早在战前，或许因为已登上精神分析开山鼻祖的地位，他现在思索的是宗教与神话的问题。对这方面，他提出几项重大意见，研究重点在于思想的基本、古老结构及宗教、信仰对社会和主体的功能，两者之间的关系。1913年，荣格已成为不受管教的子女一般，碍手碍脚，只好分道扬镳，这时他出版《图腾与禁忌》，算是转折点的开端。

"原始部落里的父亲专权，独占所有女人，把儿子当作危险敌手，

曾是德国哲人尼采与诗人里尔克（Rilke）的密友，安德烈亚斯－莎乐美于1911年认识弗洛伊德，之后执业精神分析。她的研究主题是"自恋"。弗洛伊德说："她是精神分析家中的诗人。"

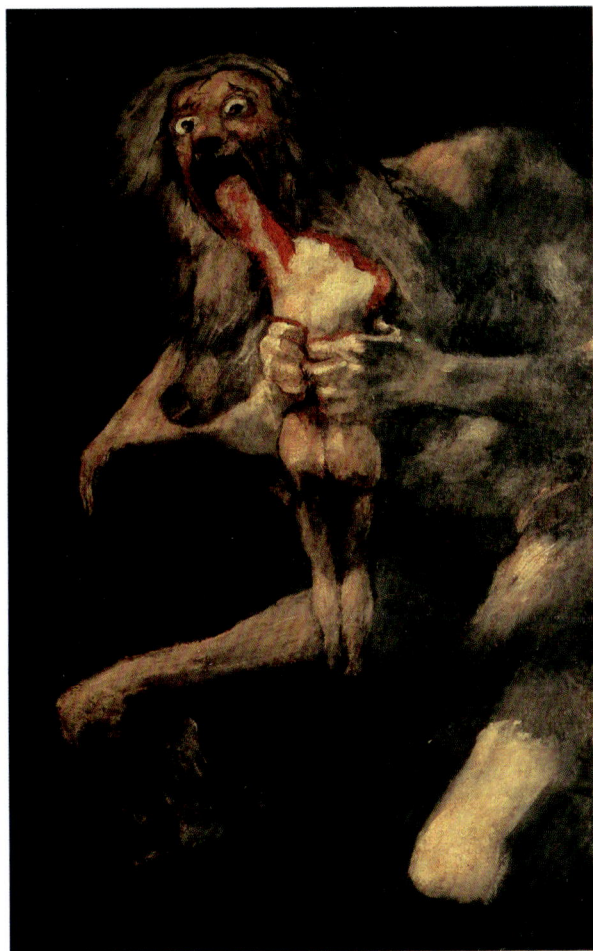

左图是西班牙画家戈雅（Goya）的画作《农神（Saturne）吞食自己的子女》。看来残暴，这幅画所表达的仅是弗洛伊德思想中最怪异、最令人不安的神话的梗概——图腾飨宴而已。相反的，儿子们分食父尸，代表父附子身，儿子可以从而取得父亲的力气。

左页下图是弗洛伊德父子在军中放假时的合照：恩斯特坐着，马丁站着。1914年12月，大战刚开打时，弗洛伊德写道："正常人的梦与未付诸执行的行动，就像神经症患者的症状一样，都提供给精神分析学家好材料。我们由此所获得的结论是，原始、野蛮与邪恶的人类冲动，从未在任何个体中消失，虽说受到抑制而潜入潜意识，却永远存在那里。"

或杀或逐。终于有一天，儿子们联手打败父亲，将之杀害，分尸共食。不过，父亲虽是他们的公敌，却也是共同崇拜的对象。事后，儿子们彼此阻挠，终致无人得以继承父亲的地位。兄弟们只好彼此容忍，按照图腾崇拜的办法结为部族，以免弑主行为一再发生。同时，他们放弃了导致弑父的姊妹，去寻找异族的女人。"

要如何才能达到开化的地步呢?

既以原始部落父亲之例确定禁忌的神话、主体与社会意义,因荣格神秘论倾向而来的运动内部争端也大为减少。1927年和1929年,弗洛伊德又先后完成《幻觉的前景》与《文明及其不满》。这种思想推演,他早已日久成习。于是他就文化对性冲动的压抑及对片刻之欢的禁制,来思考宗教与文明的性伦理问题。

儿时记忆残留在每个人身上,而文明又太严苛。这就是为什么他对人类社会的制度、人的适应力和克己能力毫无信心。

个人不安,时局也面临死巷,早晚出问题。然而,每有人生转折,他的理论也会跟进。一定要不停地写作,否则个人声望根基薄弱,容易变成明日黄花。

如今,继初期受到公认的喜悦之后,他的名声已传遍天下。但弗洛伊德活力十足的著述再也不能够帮助他摆脱病痛的阴影、癌症的折磨。不过,正是在这种境遇里,我们更可以看出他的勇气非常,他对自己的重要嗜好绝对忠诚:爱书、爱考古发掘物,陈列在他公寓里的只不过是他的小小珍藏。

所付出的代价到底有多少呢?合不合算呢?一向诚心友善地对待门徒,回报却难免令人失望。追随者严重流失,出走的又在国际间对他形成威胁。面对辛苦成立的组织,此情此景,岂是"失望"一词所可概括?对他而言,这简直是悲惨。

但总算在世界各地,他都受到敬重、欢迎。

有关母亲的死,弗洛伊德写给费伦齐的信说:"母亲尚在世时,我无权去死。现在我总算有了。"

右页上图是身负传承大责的安娜·弗洛伊德。父亲过世后,她是精神分析的公认代表。因为她的父亲,她当然也是位精神分析家。她责无旁贷地注定要代表"正统"。

荣耀加身的孤儿

1930年，一向无条件支持他、无怨无悔容忍他的母亲去世了。同年，他荣获歌德奖，却无法前去领奖："可惜我无法亲身前往法兰克福与会，去了恐怕体力不支！但大会也没有什么损失，我女儿安娜至少长得比我漂亮，声音比我好听。她会向大家宣读我对歌德与精神分析之关系的见解。"

第二次世界大战前夕，该奖具有极大的象征性意义。这么一来，弗洛伊德的名字总算获得承认，与托马斯·曼（Thomas Mann）、罗曼·罗

是精神分析家还是作家？弗洛伊德好像两者都是。他本是精神分析家，只好勉强做下去。作家则是他内心所悬念的——且看看他在文学方面的渊博知识吧。歌德奖的颁授，等于认可这位精神分析家，对他不停地以学

者古典、优雅与敏锐的文笔写作，致以最高的敬意。

除了开业治病外，弗洛伊德从未停止对文化与人类文明的探讨。他讨论陀思妥耶夫斯基（上图）的小说《卡拉马佐夫兄弟》的论文，每一页都彰显出他对文化的关注。这篇论文题为《论弑父与伦理根基问题》。

GOETHEPREIS

verleiht in diesem Jahre die

STADT FRANKFURT

dem als Schöpfer grundlegend neuer Betrachtungsformen anerkannten Forscher

SIGMUND FREUD

aus WIEN

EINSTEIN   FREUD   STEINACH   N° 6

这幅漫画足以说明弗洛伊德的知名度：即使不知道弗洛伊德理论的人，也听人家讲过这位人称"爱情专家"的医生，这就

兰（Romain Rolland）、斯特凡·茨威格、阿诺德·茨威格（Arnold Zweig）等这些和他有私交或书信往来的当代人物并列，相得益彰。他一向就对这些友人强调，早晚他的"心灵胚胎学"将会成型，并得到公认。

是当年媒体给他取的绰号。1932年，弗洛伊德跟爱因斯坦应国际联盟之请写了名为《为什么要战争？》的文章。

1912年，弗洛伊德集聚几位最忠诚的精神分析学家，如兰克（Rank）、阿伯拉罕、埃廷冈、琼斯、费伦齐和萨克斯，每位赠送一枚戒指。这个以科学会友的聚会称为"委员会"。弗洛伊德的创见与著述将来都是靠这些同志传播。1924年兰克离开，1925年阿伯拉罕去世，委员会从此变得索然无味，于是解散。下图分别是斯特凡·茨威格与罗曼·罗兰。

他细心经营而又常富创意的各种发现，已由其亲如子弟的门徒详加记载，刊登在《图像》与《国际精神分析期刊》上。然而，在逐渐凋谢的岁月里，他原本丰沛的灵感已日趋干枯。

灾难来临以前，追寻古代的祖先

以新角度探索心灵世界，带动大批欧洲知识分子打破思想上与人类生活中许多假象的弗洛伊德，原本是犹太教士的后代。他对虽是石雕却神色壮盛的摩西像，自然不可能一点灵感都没有。这位古代先知对他的吸引力，也应分为两个阶段：早先，在罗马的时候，米开朗基罗的石雕令他瞠目直视。摩西的眼神仿佛已洞察一切，而且可以想见其余。对摩西的这一点认知，我们可从他的论文中找出蛛丝马迹。但是，要等到后期，即1914年他和荣格的分歧已成定局之后，弗洛伊德与摩西这两个名字才开始真正结合起来：他在《图像》上匿名发表了《米开朗基罗的摩西》一文。

死前数月，在暴风雨来临前夕，弗洛伊德集

中全部精力，平心静气地重读他第二篇论摩
西的文稿。那种神情，他的门徒兼保护人
波拿巴小姐说，全然不像弗洛伊德昔日争
胜的样子。

　　该做的事到底是要做的，这最后一篇论
文终于在1938年8月问世。"面对周而复始的
镇压，人们不禁一再探讨，为什么犹太人
会永远受人痛恨呢？我总算找到答案，
因为犹太人是摩西创造出来的，而我这
本书也将命名为《摩西其人，历史小
说》"（这是拟议中的书名，定稿时
改为较不易引起争议的《摩西和一
神教》）。

　　论文出版了，却未引起任
何回响。道理很简单，因为
"斯人已逝"。长年卧
病，斗志不再，自我
耽恋的城堡也早被
时间腐蚀。这样可
敬的人只剩败坏的
躯体，连他的爱犬
都不敢接近。

　　但弗洛伊德的英名
早已奠定。现在，对他
而言，精神分析的个案只
是应用与阐明自己理论的机
会，远道慕名而来重金求诊
的人仍不断地躺在他挚爱的古
物之间。千古英雄浪淘尽。而
希特勒就在此时来临。

安娜到盖世太保那儿去了

古来圣贤皆寂寞。在他的余生里，事事尽由女儿安娜代劳。安娜一直都跟他生活在一起，为他而活，无微不至地照顾他。他还没过世，安娜就已注定是他最为独特的继承人。1938年3月22日，他在记事簿里简单地写道："安娜到盖世太保那儿去了。"触目惊心，事情怎么会

演变到这个地步呢？

纳粹党人满怀仇恨，急欲展开屠杀行动，凡是犹太人的代表人物及其作品都难逃罗网。安娜勇敢面对时变，在波拿巴小姐协助下，尽量延后这些野蛮计划。手段用尽，看来再不逃就要大难临头，弗洛伊德只好离开维也纳，经巴黎转往伦敦。

犹太人崇拜金钱。当此事为摩西所悉时，他生气非常。但他发现要是跳起来处罚他的子民，他手持的十戒板会掉下去，于是他忍了下来。米开朗基罗的雕像所代表的正是第三个动作，也就是忍下来的动作。为了支持这种解释，弗洛伊德特地画了上面三个草图。

受到当局最高的外交庇护，亲友又希望他早日离开维也纳，弗洛伊德当然没有机会去了解纳粹党人精心设计的瓦斯室、乱葬岗、劳役至死的集中营。伦敦方面，万事皆备，就等着他来过平静的生活，每天看看报纸，讲几堂分析课程，以及好好治疗一下他的下颚。从奥斯威辛（Auschwitz）到伦敦，可以说有天渊之别。

其实在他英国式的庭园里，弗洛伊德大可从容就死，反正他人生中该做的都已做到了。再下去，也该是别人来继承了。

　　逃生外国，随身的只有那些古雕像。跟他一起离开的，却是整个人文学术界的精英。但他的近亲中有四位年老妇女留在维也纳，后来全死在集中营。

暴行与冷漠：在恐怖的世界里，对生命淡然

　　"我的处境又回到从前，就像一个苦难小岛，漂浮在无情大海里。"他在1939年6月16日写给波拿巴小姐的信里如是说。他平静地面对死亡，仍然决定自己

选择命运。苦痛已非人所能承受，再拖下去也是徒然，于是他在9月21日，亲口要求舒尔（Max Schur）医生遵守10年前的承诺，让他了断。最后要人读给他听的，是巴尔扎克（Balzac）的

小说《鸡皮疙瘩》。此时，溃疡已使他面颊穿了一个洞。他的意愿终于实现：20克的吗啡使他平安地离开了人间。那是9月23日凌晨3点。

处之淡然，他就这样平静地走了。在历史上，人类亏欠他的的确不少。不过，凭借着他的著述，永远会有人去追查这份债务的。面对股市大崩盘及种族主义高涨的情势，弗洛伊德早已阐明："在心灵精神上，人类总是过着入不敷出的生活。"

随着现代文明的出现，工业化大量生产、大量废弃，人们不禁要自问："人到底是什么东西呢？"

伤感而又感恩，这就是弗洛伊德生前最后数年的心态。至于"意外之喜"的来临，他认为是可遇不可求的事。对一位寄来一束栀子花作为他80岁生日贺礼的女患者，他的致谢信就是这种态度的最好印证："你寄来的那束白花，全都完整无缺地到达我的手里，美化了整个房间。我自以为对赞美与诋毁全都毫无感受了，可是你那数行亲切关心的文字，我读来感到非常高兴。起初我是怀疑自己的信心不坚，再思之下却不以为然。因为你所给我的并不是赞美，而是一种关怀。所以，我对自己的心满意足也就不觉得可耻了。一个人能活到像我这个年纪，实在不是件容易的事。但是话说回来，春天永远是美妙的，情爱一事也是如此。"

见证与文献

弗莱堡的孩子

有样学样，我们要是遵照
弗洛伊德挖掘人类心灵生活
的方法去做，一定会立刻
派苏格兰场警探到现场去，
把这位精神分析开山祖师
的童年往事，仔细而周密地
探查一番。虽然他本人
也并未疏忽这件事，
只是他展现在大家面前的
私生活仍有漏洞，
该仔细追查的事仍然不少。
可以确定的是弗洛伊德
生在摩拉维亚的一个小城，
弗莱堡。在弗洛伊德
幼年时，当地的捷克人
管这城镇叫作"普里博"
（Příbor），后来城镇归属捷克，
便改成了这个名字。
本节末那段致普里博镇长
的公开信，是1931年10月25日，
当该镇为向弗洛伊德致敬，
在他诞生的房子挂上牌匾，
举行仪式时，由安娜朗读的。

　　1856年5月6日，西格蒙德·弗洛伊德诞生于弗莱堡锁匠街117号。父母何时从417号搬到117号去，这件事一直没有定论。其实两栋房子相去不过几步而已。照我的看法，雅可布·弗洛伊德迁入锁匠街新居，应是跟亚玛莉亚结婚前后的事。亚玛莉亚·纳旦松是维也纳一位商务经纪人的女儿，1855年7月29日在维也纳犹太教堂嫁给四十来岁的鳏夫雅可布·弗洛伊德，时年19岁。……

　　新婚夫妇在弗莱堡定居，住在锁匠街117号，也就是长子西格蒙德出生的地点。当年这栋房子的位置相当偏僻，只有两层而不是三层。……房子是查吉克家的四代祖产。……所

有查吉克家的后代都是锁匠，而房子底层就是他们的工作坊。弗洛伊德一家住在二楼的一个房间，另一间住的是房东一家人。顺便提一下，在那个时代，整家人住同一个房间并不稀奇，尤其是成员多的工匠家庭，他们全家人大部分时间都在工作坊劳动，有时也就地睡觉。查吉克家正是如此。

家人之外，对西格蒙德有重大影响的人士中，该特别提起的是他的医生和看顾孩子的女佣。这件事弗洛伊德在他以后的著作里也曾追忆过。

最有意思，也最富神秘色彩的，应是那位看小孩的女佣。弗洛伊德曾经忆述：

"就在这层层包围的梦里头，我记得看小孩的女佣。她从喂乳期一直照顾我到两岁半。印象虽然早已模糊，却仍残留在意识里。照我从母亲那里问来的信息，她既老又丑，却精明能干。再照我从这些梦所得来的结论，她一向对我极为宠爱，而我要是不照她的教导保持整洁时，她会严厉告诫我。全心全意地教养我，她在我的梦里头，就像史前时代老女人的化身，对我拥有某种权威。"

这个女人常带他去天主教教堂。1897年10月3日，弗洛伊德在给弗利斯的信中曾经提及此事。他说："我只能说……那位（我困扰的）'原始制造者'是个既老又丑、精明能干的女人。她经常跟我讲些全

1931年10月，向弗洛伊德致敬的仪式，在弗莱堡他诞生的房子门口举行。

能天主以及地狱的故事，她对我的能力有相当高的评价。"

　　几天后，10月15日，他又在给弗利斯的信中说："我问母亲是否仍记得这位奶妈。她说当然记得，奶妈是位既老又丑的女人，常带你到教堂去；从教堂回家时，你老是跟我们传述讲道，说些全能天主的事。我刚生下安娜（生于1858年12月31日——据弗莱堡另一种宗教的教堂户口档案）时，却发现她是个贼，我们在她那儿找出许多新钱币、十元银币，以及人家送给你的玩具。你哥哥菲利普去报警，她坐了十个月的牢。"

　　对于美好的童年和奶妈，弗洛伊德还有其他的模糊印象：

　　"比如说，她常常要我私下把人家送给我的小钱币拿给她。这虽然是件小事，事后却证明有其意义。于是我决定就奶妈的事好好问一下母亲，好帮助我解梦。母亲告诉我许多事，其中，她说女佣聪明而不老实，每当我母亲忙着换尿布，她就在家里到处偷东西。到后来，我的异母兄告她一状，吃了官司。知道这些事后，上面所提到的儿时记忆便不难理解。奶妈的突然消失，我一直都很在意。"

　　经由吉克洪（René Gicklhorn）太太的协助，我们翻查《1857年弗莱堡地区帮佣登记簿》，发现在第六页新锡辛区（Novy Sicin）档案中注明：莫尼卡·查吉克（Monika Zajic），弗莱堡居民，在42号玛利亚·弗洛伊德（Maria Freud）家打杂。玛利亚是伊曼纽尔·弗洛伊德之妻。另外，《外国移民居留登记簿》注明，他们住在42号柏拉扎克（Blazek）夫人家中。

"当时的犹太人已可雇人帮佣，但要到当局申报。《1857年弗莱堡地区帮佣登记簿》中，弗洛伊德家并没有其他佣人的名字，所以我想莫尼卡应该是锁匠街雅可布·弗洛伊德住家房东的亲戚，在弗洛伊德家打杂赚点外快。她用玛利亚·弗洛伊德家的名义向当局登记，却同时可以照顾小西格蒙德，带他出去散步，跟他讲捷克话，并常带他上教堂。

"在雅可布·弗洛伊德那个年代，聘用工人而不申报是不太可能的事。1857年12月19日管辖当局公布草案（N.J.地区档案），涉及弗莱堡外籍犹太人业已经过三次传唤未到'案。该案涉及玛利亚·弗洛伊德家的女佣加布（Madeleine Kabut），并谓所有案中提及的人士均应缴纳八块银元罚金，如24小时内未缴清即予以驱逐出境。此后加布的名字不曾在档案里出现，显然加布女士立刻离开了弗莱堡。这就足以证实我的说法：当年当局对辖区住民，尤其犹太人的活动了如指掌。"

西格蒙德·弗洛伊德的记忆和引述，都让人以为他在弗莱堡的日子里，雅可布、伊曼纽尔和菲利普三家全都住在锁匠街的一栋大房子里。然而，就我们找到的证据而言，只有弗洛伊德父母住在锁匠街那栋房子二楼的一个房间。另一间房是查吉克房东自用的，而楼下则是其工作坊。

赛内尔（Josef Sajner）
《西格蒙德·弗洛伊德与其出生地
弗莱堡（普里博）
及摩拉维亚省的关系》
刊载于巴黎弗洛伊德学派内部刊物
《学派文献》，第26号
1979年3月

我在3岁时就离开弗莱堡，16岁那年曾趁学校放假，回去探访，在弗路斯（Fluss）家做客。然后我便从未回去过。此后，有许多事情发生在我身上。……我已经75岁了，很难再想起那早年的时光，在那丰富的经验中，只有少许痕迹尚留在记忆里。但有一件事我是可以确定的：依然活在我心深处的，是那弗莱堡快乐的孩子，一个年轻母亲的头胎儿，从那空气和土地获取最初不可磨灭的印象。

弗洛伊德
致普里博镇长的公开信
1931年10月

居家生活

《梦的解析》出版后不久，
在新书《日常生活的心理
病理学》（1901年出版）里，
弗洛伊德多方阐释生活细节
的重要性与含义，
令人不禁好奇，
想去了解弗洛伊德自己的生活
又是怎么规划的。
思想与心理上的运作
也可以从生活细节探出端倪，
这就是细节的价值。

日常生活环境

1891年，弗洛伊德全家定居在上坡路19号。1900年，他仍然住在那里。他将在那里度过整整47个年头。这是一栋有气派的房子，属18世纪的柱廊建筑风格。他在这栋房子二楼租了一个公寓。楼中楼的下层作为工作室与会客室。不过，1907年底，他把楼中楼改成平阶，与住家相贯通，中间层就翻修为妹妹罗莎（Rosa，小他四岁）的住处。

他的居住环境有点儿奇特，堆满他从1899年开始收集的古物。办公室墙上挂着"格拉狄瓦"少女浮雕，正对面是张书桌，上置陶质中国兵马俑以及两个装满碎骨片、玉器、埃及圣甲虫饰物等，甚至印有吉萨（Giza）斯芬克斯像的瓷花瓶。一边的书架上摆着石棺复制品。这石棺，按照他女儿安娜的说法，与帕特罗克洛（Patrocle）之死有关。石棺两旁放着一只陶制中国骆驼和一只波斯马。在他的办公桌上排放着二十来个包括阿蒙-瑞（Amon-Rê）像在内的埃及、希腊、罗马和中国雕像。另外一张矮桌则摆满瓶瓶罐罐和人物雕像，其中有个雕像乃是中国圣贤，据宝拉（Paula）说，他每天开始工作前都会向这雕像煞有介事地行礼拜如仪。

极像一间乡下小博物馆，角落里，在布鲁叶所绘夏尔科医师临床授课图下放着大沙发。这种装潢，

[平面图标注]

前院　办公室　私人诊疗室　走廊　风井　客房　安娜的工作室
门廊　寝室　明娜的卧房
玄关　候诊室　客厅　盥洗室　通风天井
主玄关　厨房
安娜的卧房　用餐室　起居间　明娜的会客室

最令人吃惊的是摆饰物中丧葬用品为数极多，而且除了少数几件文艺复兴以后的文物外，全是老东西。就弗洛伊德有限的财富而言，这些古物的品质算是不错的了。

住在维也纳期间，他的收藏品除友人赠送之外，主要是在旅行途中添购的，也有古董商到家里兜售。摆设古物时，他一点都不按照习惯的科学原则去分门别类。它们在室内的位置，完全视弗洛伊德的爱好程度及该物引发的幻想而定。逃难出国时，他把这些东西全都带到伦敦去了。

听诊工作室与住家之间，弗洛伊德打通一道门，以便在接待下一位患者之前的空档回房稍歇。这样的生活环境，是弗洛伊德跟玛莎一起安排的。品味古雅，他们按当时的风气，地板与墙上全都铺上彩色波斯地毯。

在写给弗利斯的信中，我们可以看出弗洛伊德非常关心家人的健康和物质享受、儿女的一举一动包括谈吐和他们的调皮行为。就像一般过得去的维也纳人一样，到了夏天，他会先把家人送到乡下，然后自己再去会合。1899年夏天，全家在巴伐利亚的贝希特斯加登（Berchtesgaden），离科尼希湖（Königsee）不远处会合。

"住屋整洁得像珠宝一样，单房独幢，景色宜人。妻儿皆大欢喜，脸色健康。小安娜淘气有余，男孩都已长大，斯文有礼，晓得欣赏人生。马丁相当风趣，易与人相处，喜欢关在自己幽默与幻想的世界里。"

1900年暑假，经济拮据，就在维也纳近郊高地森林区别墅"美景楼"（Bellevue）度过。不久却有意外之财进账，于是九月份又到意大利的加林西（Carinthie）小住，小妹罗莎、幺弟亚历山大也都来了。这地方他曾在五年前带幺弟来过。

好爸爸一个，弗洛伊德很注意儿女的教育。"就只有马蒂尔德这'小蛮女'最烦人，精力充沛，老是出状况，自认有权不乖，不管你跟她讲什么，一概都给你回答'不'。何况奶妈不会管教（这女人早晚我要辞掉她），而玛莎不管老女人多么没大没小都不敢出声斥责。但愿小家伙学好不学坏，将来像个好姑娘。"

这就是1900年的家居气氛。弗洛伊德所过的日子，其实跟一般维也纳好家庭相去不远，只不过他的客户多寡不定，收入不稳常让他伤透脑筋。

德斯特诺瓦（Marie-Louise
Testenoire）
《1900年的弗洛伊德和维也纳》
载《批评》期刊第339–340号
1975年8至9月合刊

讲究饮食

上坡路这家人从没有花菜的味道。户长就是不喜欢这种蔬菜。也没有鸡、鸭、脚踏车和雨伞！会让他食指大动的都是阳光的产物，像蓟笋、芦笋和玉蜀黍。当然还有最常见的洋菇。

战争时期最令人操心的要算是如何找到粮食。1918年3月22日，弗洛伊德在给阿伯拉罕的信中写道："就像你看到的，我几乎是连字都写不清楚了，我一向喜爱肉食。如今这些不习惯的食品把我的肌肉都搞松了，字不成字。"另一封信中（1918年5月29日），弗洛伊德简要地说明处境："差不多近一年来，我们的生活有一个特征至今我从未向你提过。这

个特征是，我们的粮食全靠客户及交情好的门徒提供。简直像史前时代的医生家庭，靠人施舍度日。雪茄、面粉、油脂、五花肉等等，不是人家当礼品送的，就是低价卖给我。供应者都是我们那些匈牙利朋友，主要有费伦齐和埃廷冈，以及布达佩斯几个爱护精神分析学的人。不过就是在本地，也有几个门徒照顾我。"

1919年4月，处境仍不见改善，弗洛伊德只好向曼彻斯特的侄子萨缪尔（Samuel）求救。他说："我们靠少量粮食度日（数日前节庆，鲱鱼竟是主菜），没有肉，面包不够，没有牛奶，马铃薯和鸡蛋贵得要命。……我们最缺的食物是油脂、腌牛肉、可可粉、茶叶、英国饼干。"

还好，林下灌木丛里常有一些野生的浆果。弗洛伊德爱去采摘草莓、欧洲越橘、桑葚和覆盆子。照他的说法，欧洲草莓是美国所没有的。1909年他到美国旅行的时候，老毛病发作，肠胃不适，他认为是美国式烹调作怪。为了表达他的不满，他说："这是个连欧洲草莓都没有的国家，何况是烹调！"

一生从来没有亲手擀过面，这点似乎是不用怀疑。不过，弗洛伊德倒是去过一次杂货店买东西。事情发生在奥湖（Aussee）或贝希特斯加登（故事是马丁说的，而他自己也不记得到底是发生在哪里）。他们的住处

因为当地发生洪水而成为孤岛，几乎要断粮。穿上灯笼短裤，找双好鞋，背着登山袋，弗洛伊德取道山区，希望能找到某个村子有东西买。傍晚满载而归，孩子们把他当英雄一般地迎接，个个都看中食物最上头那条沙拉米大香肠。

弗洛伊德固然热衷佳肴，酒喝得倒是不多。然而，他在给弗利斯的一封信中提到，1899年有位朋友送他一箱马尔萨拉酒，他也就来者不拒地喝了起来。后来里依（Oscar Rie）在圣诞节送他好酒，而费伦齐也送他几瓶出自匈牙利皇家地窖的托考伊酒。从前在巴黎时，弗洛伊德非常欣赏夏尔科家的法国菜和法国酒。后来到意大利度假时，他对当地土酒也颇为喜爱——既然维也纳诊所离得这么远，正务大可抛在一边，于是他就不客气地喝了起来。日久成精，有一天他在蒂沃利（Tivoli）艳阳下品尝一种不出名的意大利小酒时，就嫌这酒带有高锰酸钾的味道！

自从1923年起，口腔癌症使他不得不带上假颚，也就是他所谓的"怪物"。此后佳肴美酒也就免谈了。

弗洛姆（Lydia Flem）

《弗洛伊德及其患者》

1987年

弗洛伊德与夏尔科

弗洛伊德绝不崇拜偶像，
或任何英雄。但在世纪末的
那段寂寞而艰困的岁月里，
他需要师友的启发与鼓励。
日后，尽管弗洛伊德对夏尔科
的理论多有保留，夏尔科无疑
仍是他心目中的科学家典范：
富想象力，勇于提出不讨好的
观点，乐于倾听和观看，……

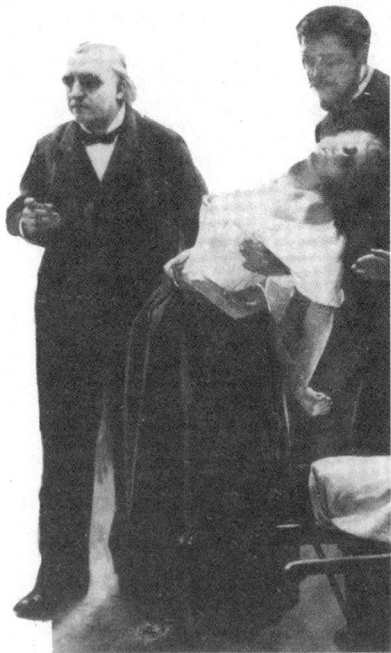

1973年7月，第28届国际精神分析会议于巴黎召开。庞大礼（J.-B. Pontalis）的揭幕演说，即是以弗洛伊德居留巴黎期间的生活与习惯为主题，处处与弗洛伊德在1893年9月为夏尔科写的讣文呼应。这篇情辞感人的讣文曾提到："用夏尔科自己的话说，他是一个用眼睛'看'的人……他会问，何以在医界人们总只是看到他们已学会看的。他会说，突然能看见新事物是一件何等美妙的事。"

不是只有癔病患者，才为记忆所苦。……

1885年10月某日早晨，弗洛伊德抵达巴黎。他在离先贤祠（Panthéon）与巴黎大学等距的地方，找到一家小旅馆落脚。此后，他在这里住了五个月。拮据：他只靠奖学金过活。坐怀不乱：当年巴黎给人的印象是不乏艳遇。离群索居：独自徘徊，语言不通，民情相异，碰到人群举足无措。有时，他会孤单地跑到圣母院高塔上消磨半天。曾跟某位偶然相识的俄罗斯医生上戏院（啊！莎拉·伯恩哈特〔Sarah Bernhardt〕的歌声多美妙）。去过卢浮宫古代各馆（啊！古物雕像原来如此）。长篇大论地写情书给未婚妻，时而感伤，时而慷慨激昂。

他来巴黎是想找什么呢？当然是找新事物、新见解。学习什么新学问呢？如他自己所言，在日耳曼系统各大学找不到的东西。年届29岁，已是神经学家，也刚在大学里当上讲师，他到巴黎是有所为而来的，是想在他的本行之中找些他原来不知道却已有人讲授的学问。

他当然晓得该找谁：夏尔科。他本来就是为他而来。

两个人当时的情况，可以说完全成对比！1885年的夏尔科，事业正值巅峰时期，声誉之隆是今日医学界所无法想象的。夏尔科所体现、施展的权威，无所不在。在学问方面：渊博，精确，充满创新的精神。……

世界上第一个神经病诊所的首席讲座因他而开设。桃李满天下，水涨船高，在学生面前他不但是教授，更是先知。对他照顾下的患者而言，他简直是动物学家与魔术师的化身。患者在夏尔科的"处置"下，仿佛已成为他的收藏品。他将他们分门别类、区分阶段，把他们的动作与姿态拍照或制成版画存证，以便使诊疗情景更加清晰，再从这些情景推演出标准形态（从"最严重的歇斯底里"到"症状不全"）。

他用暗示某歇斯底里患者瘫痪或某种感觉丧失的办法，达成催眠的目的，以便对幻觉怪相、神经着魔有进一步的掌控。他曾经就催眠暗示法说过这么一句话："已经形成的，我们总会有办法把它消除。"他的治疗成果，也让人恍惚间感受到某种全能力量的存在。他的权威也表现在课堂上。每周一次的授课吸引了既多且杂的听众。他们全神贯注，如痴如呆。他可以说是口述讲学的大师。

夏尔科因妻而富，家有府邸，坐落在圣日耳曼（St. –Gemain）林荫大道上，其内部装潢标新立异。他常在家里举行盛大的接待会。身为高官贵人的医事顾问，他索价奇高，举世皆知。

夏尔科的恺撒架式（césarisme，雷翁·都德〔Léon Daudet〕在小说《庸医》中发明这个词，并予以诠释），威风八面，的确令人惊奇。他的魅力可以使科学界轻信他的说法（虽然以后医学界对他也有了保留）。不过，最难以置信的是，夏尔科大师这些令人如痴如狂的特征，并未把弗洛伊德吓呆。他一点都不在意。这反而衬托出他的谦虚、真诚，以及对别人意见的尊重。连夏尔科本人都证实他的这些优点。多年后，在《自述》里的"精神分析运动史"篇中，他仍然一丝不苟地说出他所欠的恩情，其语调就像1893年为夏尔科所写的传略补文一样。

有人说，是弗洛伊德把夏尔科理想化，因为他想摆脱原先所崇拜的大师——布吕克和梅内。有人说，在巴黎停留的期间，他们两人故意互相标榜，乃至于有时甚至罔顾事实，以便来日在维也纳能够引起反响，似乎有点不择手段。事实上，弗洛伊德对夏尔科的感情是矛盾的：他为大儿子取名，就是照夏尔科的名字，让-马丁（Jean-Martin）；然而他翻译夏尔科的《讲义》时，在后面附上一些不客气的批评，又不事先通知夏尔科。

想来他与"夏尔科大师"的关系可以套进俄狄浦斯模式里，从而富有相互冲突的含义。这一点显而易见，不容置疑。……

谁都会同意，弗洛伊德在沙伯特利耶医院停留期间，是他人生的一大转折点。其后果之重大，众人公认：由神经病学转向心理病理学。……

且让我们先清查一下，学理上他从夏尔科那里得到哪些好处：把歇斯底里神经症从杂陈的"神经病症"分立出来；明白男性患歇斯底里是常有的事，从而不再相信"子宫"是癔病的病因；认清癔病乃是心灵创伤；……两人的关系并非那种情投意合，他们纯粹是因为学问而凑在一起，颇似君子之交淡如水。要紧的是，另一个新境界自此为弗洛伊德打开。然而新境界并未公平地为两人开启，夏尔科可谓完全被排除在外。不过，正因为夏尔科非得其门而入，两人才会有默契。"科学式"的医学与癔病症状学，两者之间的相互压制，他们两人早已心知肚明。

夏尔科可说是个"无所不在"的人，任何方面他都插手，任何层次他都参与：忙碌而拥有丰富临床经验。

首先不妨谈谈医院层面的情形。1862年夏尔科被任用为沙伯特利耶仁济院医生时，该院总共收留了5000人，他跟他的好友伏比安（Vulpian）跑遍各病室，做了数以百计的病历，并写下下述惊人的语句："可供观察的临床类型每样都有不少病人，我们几乎可以说每样都有固定的配额。每当随着时间变迁而有某一类型发生缺额时，不久又会自动补进来。换句话说，这里简直是个活生生的病理博物馆，可供研究的病例相当可观。"整个医院满是病人，取之不尽，用之不竭，只待医生详为分类。沙伯特利耶开创时本来就像福柯（Michel Foucault）所说的，是间"大型收容所"。

院中分科本就该按照各种疾病的特征去分门别类。夏尔科接办的是"轻型癫痫区"，该区所收容的是些中风与癔病患者。于是夏尔科整天与歇斯底里病患为伍，对装疯作癫、奇形怪状非常熟悉，不过有时也很难分辨病状的真伪。"眼光锐利，神情迷人"——连擅长漫画、爱好艺术的弗洛伊德，都如此赞扬夏尔科，患者当然不免受到眼神的影响，进而配合地演出一幕幕情景剧来。……

　　且看布鲁叶的名画《夏尔科医生临床授课图》（1885）吧！一边坐着助手群（弗洛伊德并不在其列），另一边是夏尔科和巴宾斯基（Babinski，其后他将会推翻大师的理论），而在两人之间的就是绰号"癔病之后"的患者。……全图人物围成圆弧形，灯泡是球形，连高窗照进来的光线映影都是圆弧。这样安排到底是为了突显光可照人的大师，还是为了那位"癔病之后"呢？裸露与无助，在病人好像是刻意地为衮衮诸公卖力表演一般！反正要是演得太过火，还有卵巢压迫器可以从中匡救，然后低声说道："还不是生殖器有问题。"压迫器极具实效，一下子就可以把作怪的生殖部位压制住，至少使病态在短时间内不再出现。

　　19世纪后半叶，临床解剖方法与脑部区域定位学说，都着重于测定空间分布。夏尔科是位神经学大师，当然会想把这套模式移用在神经症的研究上。歇斯底里发作的部位一经绘制成图，性欲部位，也就是说，歇斯底里患者身体上的兴奋点也就会显示出来。只有把性欲主题的图像连贯起来看，这些图像才可以当作一种模式，用以了解扭曲的形体、错乱的情欲。1876年出版的《沙伯特利耶摄影图像集》收录的照相版画，所展示的就是歇斯底里百态：情欲的造形。19世纪最后那几年，狂喜出神、自我折磨、哀求、恋慕、呼喊、要挟、嘲弄，各种歇斯底里姿态的版画与图片纷纷出笼。把这些图片排列起来，我们就可以指出歇斯底里在"肉体空间"上两个可以察觉的层面，即：身体表面，以及用以召唤别人的动作——患者注意力所及的别人。

　　然而，"心理空间"依然从缺。这要等弗洛伊德历经千辛万苦，努力探求才能逐渐浮现。所谓歇斯底里百态，其转变关键最要紧的并不是有形的躯体动作，而是转变的机制模式。着手治疗疾病时，要把这个转变机制明确地找出来，而不只是指出发作在身体之中的起源部位，也就是说，……该追究的不是躯体动作、痉挛，而是深藏心底的幻觉的复杂起因。……夏尔科的听诊情景是有目共睹的，而弗洛伊德诊所内的"另一种"心理情景却是无形的。"有目共睹"与"无影无形"，两者无法共存，分道扬镳势成必然。

庞大礼
《梦幻与苦痛之间》
1977年

梦中之狼

弗洛伊德具备写作长才。杜拉、舒雷伯（Schreber）主席、狼人、小汉斯、鼠人等等精神分析文学上的人物，个个都生动、感人地呈现在我们眼前，简直可以媲美浪漫派大文豪笔下的角色。狼人案例发表于1918年。故事中的梦发生于患者年仅4岁时。这个病例对弗洛伊德而言是一种考验。他刻意把童稚时期性问题所造成的心灵创伤在神经症中的重要性描绘出来。这种理论是荣格与阿德勒所无法接纳的，造成了精神分析阵营严重的分裂。我们可以说，这是弗洛伊德生平最重要，也是他分析最细密的个案。为了避免中文翻译可能造成的误解，在此顺便指出，所谓"狼人"，并不是指西方传说中月圆之夜变成狼的人（Werewolf），而是指一名为梦中之狼所惊吓的神经症患者。

这个梦富有民间传说的色彩。我虽然已在其他地方发表过，如今仍将它全部写出来：

"'我梦见躺在床上，天色已黑（我的床面向窗户，窗外则是一排胡桃树。我记得做梦时是个严冬的深夜）。突然，窗扇无风自行打开。更吓人的是，正对窗口的那棵大胡桃树上竟坐着好几只白色的狼，算一算有6到7只。狼的毛色纯白，极像狐狸或牧羊犬。因为尾巴很大，状似狐狸；双耳竖立，则如牧羊犬警戒时一般。惊骇之下，怕给狼吃了，于是我就大叫，并醒了过来。女佣人赶紧跑过来，看我出了什么事。从窗户自动打开到狼坐树上，一幕幕都清晰逼真，花了好长一段时间，我才相信这只不过是场梦。平静下来后如释重负，渐渐地又睡着了。

'狼群平平静静地端坐树上，分坐在树干左右的分枝上，只是狼眼瞪着我，所以梦中唯一的动作是窗户自动打开，狼群全神贯注地盯着我。我想这是我生平第一个噩梦。当时我大概是三四岁，最多不会超过五岁。其后一直到十一二岁，我都担心会在梦中看见可怕的东西。'

口说难明，做梦的人为了说明，还绘出树的枝干和狼群分布在树上的情景给我看。经过分析后，我从梦中所得的素材如下：

他记得儿时的那几年当中，他曾在一本童话书上看到过狼的图画，令他大为惊骇。他总是把这件事和梦中所见扯在一起。患者有位年纪比他大很多的姐姐，老是喜欢找种种机会，拿这幅图画吓他，令他恐惧惊叫。在这幅图画里，狼呈立状，一腿向前，露爪威胁，并双耳竖立。梦者印象中，这是《小红帽》书中的插图。

那么，狼为何是白色的呢？这使他想起羊。他家庄园养了大批大批的羊，每当父亲带他去巡视羊群时，他总是感到高兴与自豪。而根据进一步的探询，我们得知，就在这个噩梦前不久，他家羊群染上瘟疫。虽然他父亲请来一位巴斯德（Pasteur）的学生替牲口注射预防针，注射后羊群却更大量地死亡了。

为何狼会爬到树上去呢？这使他想起他爷爷讲给他听的一个故事。他自己已不记得听到这个故事是什么时候，不过按照梦境来判断，应该是早于梦到狼的年纪。故事是这样的：有位裁缝在家里做工，当窗户打开时，有只狼跳进了房间。裁缝抓起长尺打狼，不，他自行纠正，说是捉住狼尾，全力拉断尾巴，于是狼受惊逃跑。后来有次裁缝到森林里去，突然有一群狼迎面而来，他只好爬到树上避难。起初，狼群不知该怎么办。可是，给拉断尾巴的那匹狼也在狼群中，它执意报仇，并提议用狼骑狼的办法，叠罗汉似的往上攀援，借此捉到裁缝。以身作则，受伤的狼本是壮硕的老狼，刚好垫底。狼群说到做到，一只只往上叠。这时候，裁缝认出给他打伤的那只狼，立刻高声大叫道：快捉住那只灰狼的尾巴！'那只狼已经没有了尾巴，余

悸犹存，听到这话，转身就跑，跟着其他的狼也就跌落一地。

这故事中有树，这树就是梦中狼群坐的那棵树。进一步说，这故事无疑也影射到阉割情结。老狼尾巴为裁缝所断，有狼无尾，成何体统？于是梦中的狼一只只接上狐狸尾巴，刚好补足缺陷。

为何会有六七只狼呢？看来我们对这个问题只好存疑。不过，我提出一点疑问来：难道他记忆中曾令他惊骇的图画，只跟《小红帽》童话有所关联吗？这本童话总共只有两幅插图：小红帽在森林里遇到狼，以及狼戴着老祖母的帽子躺在床上。所以说，除了两幅插图的印象外，一定有其他的童话混了进去。于是患者想起《狼与7只羊》的童话来。在这故事里，6与7的数字都有过，因为7只羊被狼吃掉6只，第7只躲进时钟腹箱里。白色的问题也可从这里得到解决。故事中，第一次狼与羊相遇时，羊群认出狼腿是灰色的，狼只好跑到面包店去把腿染白。两则童话有些共同点：两个故事都有被狼吃掉、破腹取出被吞食的人物，以及填入重石替代的情节，并且两个故事都以恶狼遭报应为结局。此外，羊的故事里也有树木出现。每当饱餐一顿后，狼总是躺在树底下呼呼大睡。

由于特别的思虑，我必然要在别的地方再一次讨论这个梦，并详细地解释、考量它的意义。狼之梦是患者记忆所及最早的一个童年噩梦，一旦与其后别的梦，以及患者早年所发生过的某些事关联起来，其内容将显示出特别的意义。此地仅就该梦与两个童话《小红帽》和《狼与7只羊》的共同情节加以研究。这些故事对做梦的小孩所造成的影响，正是典型的动物恐惧症所显示的情形。这种恐惧症所以能与

其他类似案例区别开来，实有赖于下述事实：动物（譬如马和狗）成为焦虑的对象，其实是不容易察觉的，小孩只能从故事书及其插图中学到。

小孩为何恐惧动物？而这种恐惧又会有什么意义呢？我将在别处详细提出我的解释。此地我只想先指出，这解释完全跟这个人后来一生所患的神经症的主要特征一致。本案例中的患者致病的主因，是他害怕他的父亲，进而恐惧所有父亲的替身。在治疗当中，我发觉患者的生活与行为一直都笼罩在这种对父亲爱恨交织的态度中。

如果在这位患者的案例中，狼只是父亲的第一个替身而已，我们不禁要问，隐藏在狼吃羊与小红帽故事背后的内涵，可能不只是幼童对父亲的畏惧。

此外，患者的父亲，就像许多大人对待小孩一样，常有‘关爱的凌虐’，并且有可能他父亲常一边摸他，一边吓他说：‘我要把你吃掉！’（虽然随着年纪的增长，他父亲也愈变愈严厉。）此事一点都不稀罕。我另有一位患者就曾经告诉我，他的两个孩子始终无法与他们的祖父亲爱相处。因为这位祖父在跟孙子玩时，老喜欢说他要剖开孙儿的肚子。”

梦狼自有深一层的意义，不过此事暂且按下，此地仅提出一个直接的

解释。不过，此一解释将会引起某种问题，该问题又需时数年才会有答案。分析治疗的工作刚开始的阶段，患者就跟我叙述这个梦。不久，他也同意梦境藏有神经症在他幼年时的病因。

治疗期间，我们曾反复讨论这个狼之梦。但直到分析治疗的最后那几个月，我们才有可能完全了解这个梦的意义，而这要归功于患者本人的主动努力。他经常提起，在这个梦中有两项要素，他印象最为深刻：首先是狼群为何静坐不动，以及为何狼眼全神贯注盯着他；另外，他觉得，这梦给他的那种持久的真实感，也是值得注意的。

我们就从最后这一点讲起吧！从向来解梦的经验，我们早已明白，真实感必然带有某种特殊意义。在做梦者的记忆中，梦境所包藏的潜在素材显然具有真实性，换言之，这梦所涉及的必然是件具体发生过的事实，并不是做梦人的幻思妄想。因此，我们所要探寻的自然只能是某件我们所未知悉的真实事件。

比如说，他祖父的确讲过"裁缝与狼"的故事，有人的确读过《小红帽》与《狼与7只羊》的童话给他听。然而，这些故事都是属于听说过而不是亲身经验过的事物，是不会阴魂不散的。相对于童话的不真实，这梦的真实感之所以能够长存永续，是因为它涉及某件确实发生过的事。

如果我们假设在梦境背后藏有某个尚未人知的场景，一个在做梦之时即早已遗忘的场景，则这场景的发生显然是早于此梦，在患者年纪更小的时候。患者自言："做梦的时候我只有三四岁，最多不会超过五岁。"我们几乎可以替他加上这么一句："而这个梦让我想起某件更早以前发生过的事。"

患者对梦境最坚持的两件事：全神贯注的凝视与静坐不动。梦中"表面内涵"的这两个要素必然有其具体的事实背景，只不过这个梦境的潜在素材并不为人所知，且极可能早已在梦中扭曲，甚至完全与事实相反。

就患者所提供给我们的梦境的基本素材加以分析，我们总算也找出一些结论，而这些结论必须适合我们正在搜寻的脉络。在提及羊群繁殖之事背后，我们可以预期找到患者幼年性探索的证据。这就是他喜欢跟父亲去看羊群的道理。但另一方面，这梦也涉及对死亡的恐惧：看到羊群死亡引起他莫大的恐慌。

至于梦中最令人印象深刻的，该是狼群上树这件事。此事虽是源自老祖父所讲的故事，这故事之所以惑人，且能够引发这梦的因素，必然与阉割主题有相当的关联。

这个对狼之梦的初步分析算不得完整，却足以引发吾人后来认定狼就是父亲的替身的结论。所以，在这种情况下，我们推知，患者畏惧父亲的心理显现在第一次噩梦里，而这畏惧心理自此以后将一直控制着他的人生。只不过事实上，这个结论尚未足以令人信服。

根据梦者所提供的素材，假如我们把至今分析所得的资料集中起来，重新组合，那么，我们发现，这些已知的片断可以重构如下：

某事确曾发生过——必须追溯到久远以前的一个时期——注视——静止不动——性问题——阉割——父亲——什么可怕的事。

弗洛伊德
《五个精神分析个案》

爱情，转移

1912年，弗洛伊德写道：
"对于精神分析师人身的
转移作用，只有在它是
由被压抑的情欲成分构成的
正面移情或负面移情时，
才会发挥抗拒的作用。"
转移现象乃是潜意识欲望实现
的过程，发生于分析期间，
患者与分析师之间：
正面移情仿佛恋爱，负面移情
充满敌意，抗拒作用则
阻挠患者发现自己的潜意识，
从而妨碍分析治疗的进行。
三年后，他补注：
"转移之中所显示出来的爱情，
是否该把它当作
一种真正的爱情呢？"
移情的迹象，我们似乎可以
从美国女诗人H.D.的文章里
找到蛛丝马迹。
这位女士在正式接受
精神分析之前，
曾于1932年造访弗洛伊德。

医学教授弗洛伊德

1933年2月4日
上坡路19号，维也纳第九区

亲爱的夫人：

我们是否可以在3月1日开始诊疗呢？如您提早数日到达，请来电照会，以便通知您可在何日首诊。女王大饭店堪称完善，敝人在彼处关系良好。但愿此一安排不因时下猖獗的流行性感冒而有所变卦。引颈以待。
关心您的
弗洛伊德

《圣神降临》

H.D.女士早就想跟弗洛伊德会面。她从1911年起住在伦敦，与诗人庞德（Ezra Pound）和劳伦斯（D.H.Lawrence）交往密切。这位女士执意要找出她的"自我"到底是何物，四处求助却是一点收获都没有。看来只有弗洛伊德替她做个精神分析才有转机。旅居维也纳为期数月，她一共写了两篇文章：第一篇《圣神降临》是按照诊疗日程笔录写成，第二篇是凭记忆重新整理而成的《牢记墙上》。

1933年3月2日

弗洛伊德像是位博物馆馆长，身边围绕着希腊、埃及与中国的无价古物收藏，他是华佗再世，他像劳伦斯一般有长者之风，并能明察秋毫，他双手灵敏、纤细。他对内心的疑难杂症无所不能，足以使人的灵魂重生。去跟他会面就好像碰上斯芬克斯一般，当然，这里所说的斯芬克斯不是狮身人面像，而是善于出难题，导致遍地骷髅的女怪。

难怪我会担心。我等于门窗不关，让死神不请而来，自由进入。但关了又有何用？我的智慧像窗上玻璃一样脆弱，不足以保护我的灵魂与情感，还不如让死神想进来就进来。

然而仍有一丝希望，可能他会给我一剂心理仙丹和一瓶莫名、珍贵的琼浆玉液；也有可能他收我为徒，传授可以操纵生死的法力给我。

他要替我打松沙发的枕头，我说不用了。于是我躺在长沙发上，他的小型中国犬约菲（Yofi）坐在他的脚边。我们刚好围成一个《圣经》中的圆圈：哲人、女人与母狮（"约菲"意即母狮）。

他像最后的先知一样，是位犹太人。依《旧约·利未记》所言，古老律法规定：无业游民，投以石块；违法者，可以百般折磨。耶稣将此恶法取消。如今维多利亚法令严酷，埃利斯（Havelock Ellis）和弗洛伊德将为我们这一代人修法。……

弗洛伊德带我走进另一个房间，并把桌上陈设的物品指给我看。他顺手拿起象牙雕刻的印度护持神毗湿奴（Vishnou），把这尊饰有蛇群（群蛇直立，蛇首围成拱顶）的雕像

弗洛伊德跟他的中国犬约菲同处办公室内。

塞入我的手中。然后，他又在外围挑出一座小雅典娜（Athéna）像说："这才是我最喜爱的。"桌上古物陈设是以毗湿奴为中心，由其他的雕饰在周遭围绕成圆形；其中有一幅版画，是教授坐在工作室里的形象。接着他又打开墙边展示柜，取出各种古老戒指给我看。

我们一提起诊疗费的事，他就立刻说："只要你感到自在，费用是无所谓的。"接着他说我声音非常"细致"悦耳，然后又恐怕我会错意，赶紧说："究竟我已经77岁了。"

3月4日

我怕冷，感到力不从心，难以为继。不过，我还是继续谈着画家多雷（Gustave Doré，即画《小红帽》插图者）的素描、所罗门（Salomon）判案中孩童之死的故事。我也谈到我素未见面的两位姐姐的坟墓。其中一位是异母姐姐，她跟两位异母兄弟埃立克（Eric）和阿尔弗雷德（Alfred）以及他们的母亲一起过日子，另成一房。接着我们又谈及百合花的幻觉。总而言之，面对这位长者，我把他当神一样，无所不谈。

上面所谈到的百合花是天使报喜节（3月25日）的百合花。我告诉他，是毗湿奴象牙雕像引发我叙述这段逸事的。于是他向我打听我跟宗教初接触时的情况。我说，与宗教的初期接触常是有罪不罚，不是很严谨。但我记得有极大的束缚，预感一定会受到惩罚。《圣经》上所描写的地狱，我认为一定是存在的——然而我并没有谈到这一点。再下去，我描述圣诞节蜡烛的往事。他说："这是气氛问题，……天下再也没有比点着的蜡烛更具象征意义的。你说你还记得你祖父在圣诞前夕的祭礼。可否告诉我，是不是男女不分，全有蜡烛呢？"他问我这件事，我感到很奇怪。

弗洛伊德从长沙发背后的交椅中起身走到我旁边。他说："照你所说，圣诞节前夕你祖父祭礼时，每位孩童都分到一根蜡烛点燃着。谢天谢地，我们的难题也跟着消失了，……因为点蜡烛本就是所有宗教仪式的重心。"

《牢记墙上》

事情发生在维也纳，时间是1933到1934年。我那时在自由广场（Freiheitplatz）的女王大饭店有个房间。桌上放了一张小日历。我用画掉已过日子的办法来计算时日。诊疗期不长，所以时间过得很快。我一向都把钥匙放在饭店柜台。有天门房问我说："你可不可以替我向教授问安呢？"我说有机会当然可以。他又说："对了！顺便也向那位高贵的教授夫人请安。"我说我从未见过教授夫人，却曾听说过她是位不可多得的贤

妻，不必多此一举地去赞美她。门房说："你晓得上坡路吧！千秋万载之后教授不在了，人们一定会把那条路叫作弗洛伊德街的。"我沿上坡路而下，踏进熟悉的大门。那就是维也纳第九区上坡路19号。宽广的石阶上有道栏杆。有时候我会与某位下阶的人在此错身而过。

石梯宛转而上，两道门安置在阶梯平台上。右边的门是诊所入口，左边则是弗洛伊德家人住所入口。如此安排显然是担心有人会弄错，把私人住家的门当作是患者或学生该走的门。弗洛伊德家支系不少，内亲加外戚，远亲加朋友，都住在此地。上面一层还有其他公寓，我却没进去过。我只见过我前往诊所时正要离开的患者，不过这情况也不常发生。

我第二次前去接受诊疗，是从1934年10月底开始的，诊疗时间表为：每周4天，排在下午5点到6点，但有一天是中午到下午1点。

H.D.
《弗洛伊德的脸》

诊所之外：
弗洛伊德及其时代

置身诊所交椅上，
终日抽着雪茄，吞云吐雾，
或是静观古代雕像们
演出无言的戏剧，
或是埋首穷经——如果以为
弗洛伊德的形象不过如此，
那简直是一种藐视。
他与当代俊杰交往密切。
从书信与其他资料中，
我们都可看出他在这世界上
地位崇高，角色活跃。
但同时我们也可以看出，
即使是互相钦服的友人之间，
也不免充满紧张，
乃至于理念上的根本冲突，
而精神分析的同志们，
有时也受制于各自的偏见。

奥地利作家斯特凡·茨威格（1881-1942）以分析人类心灵的敏锐眼光著称，颇能设身处地，深入地了解研究对象。诸多作品中尤以刻画历史人物性格，解析其心理的著作，最为人称道。他对弗洛伊德的论述，可谓当代最透彻之作。他体会到伟人的寂寞与大勇。

　　虽未盖棺，年届75岁亦可论定。弗洛伊德的功绩，早已不必用每年数以百计神经症病患治愈率来佐证，也不必以其学术理论的正确与否来评判。……离经叛道，竟敢宣称其分析技术可以运用在个人与集体的心灵上！国家伦理与家族情结乃是人类费尽心力，方始建立的生存基础，他是不是想一概打破，进而摧毁家国观念乃至于宗教精神呢？从战前乱局中就可以看出他的本性：胆识过人，弗洛伊德一向是勇往直前的。无视于各方的反对与他人的妒忌、谣言与冷漠，他就像手工艺匠一般，本着无比耐性、严谨而又系统的工作态度，持续地改进他自己的阿基米德杠杆，以便有朝一日向世人还以颜色。弗洛伊德在70岁时着手其分析方法的最后修饰。这种方法，他早就运用在个人、人类整体以及神的身上做实验。人虽老，胆气仍然十足，跨越幻觉，要进一步探索生死以外，以至于信仰不再存在的无极境界。在那境界里，没有希望、梦，甚至没有天地的问题，唯一要紧的是人类的使命与意义。

独力撑天，的确令人敬佩，弗洛伊德提供人类对自己更清晰的概念。更清晰并不意味更幸福。他替这代人寻求一个更深入的世界观。更深入并不意味更美化。绝对不是为了人类的幸福而存在的。人性是永恒的童心，科学并没有义务替人类制造新的梦想，科学的使命是教导人类如何在这个艰难的星球上脚踏实地，勇往直前。使命艰巨，而弗洛伊德的奉献不可或缺。一旦从事科学，他化坚持为力量，尊严谨为不二法则。无意为人类减轻痛苦，弗洛伊德所带来的并不是一个人间天堂或极乐世界。他直指人心，但愿人类对自身会有进一步的了解。这也就是进入"自我"的危险通道。高瞻远瞩，无意姑息，他的思想方式并不是以救苦救难为目的。冷冽如寒风，穿透气层，散色雾，消彩云，打开人类眼界，一探精神世界的新景象。

由于弗洛伊德的努力，新一代的人眼光更透彻，更自由，也更真实地看他们的新时代。如谓整整一个世纪里，欧洲人让虚伪的假道学牵着鼻子走，现在已是撕开面具，让我们勇敢面对人生中无谓的假羞耻的时候。如谓"原罪"与"堕落"这些字眼让人心惊胆跳，如今不再。既已明了人类本能的主控力，法官有时也不敢遽下判决，教员们自自然然地容许自然会发生的事物，而家庭也公开谈论该坦白的事；伦理道德变得更真实，而年轻人之间也更加友善；女性自由自在地接受性交，表达性欲。食色性也，举世皆然。我们总算明白了神秘精神生活的创造力。上面种种道德重整的要素，我们和我们的新世界首先都要感谢这位人物。他有勇气说出他所知道的，并以更大的勇气在当代根深蒂固的假道学环境中大声疾呼，而为人所接受。弗洛伊德的学术研究报告或有处细节尚需详加讨论，然而细节终究是无伤大雅的事！任何思潮的存活都会有许多反对与赞成，任何著述都会有人憎恶、有人喜爱。一个成功的思想观念应该是能够融入生活中的观念，这也是我们今天唯一予以肯定、赞扬的成就。在我们这个公义不彰的时代里，要人们重新相信精神至上，总要有人敢为真理身体力行，以为典范。如此一来，人世间的真实才会多过虚伪。

茨威格
《弗洛伊德》
收入《从精神治愈》

1915年诺贝尔文学奖得主、法国出色的散文家与伟大的小说家，《约翰·克利斯朵夫》作者罗曼·罗兰（1866-1944）是两次世界大战间欧洲最杰出的人道主义者，致力于促成法、德两国和解。弗洛伊德却想劝他不要那么执着博爱的原则。

致罗曼·罗兰

维也纳第九区，上坡路19号
1923年3月4日

阁下：

得与尊驾平起平坐，深感荣幸，毕生难忘。大名代表人类有抱负的高贵幻想，意欲博爱普及人间。

我所归属的种族，中世纪时，被视为天灾人祸的罪魁祸首，而如今奥匈帝国的败落以及德国的大战伤亡，吾等亦难逃其咎。但愿如斯经验助你平心静气，稍抑幻想。

另则，敝人半生致力于破灭我个人及人类的幻梦（所当在此说明者，敝人长先生10岁），深知人间大爱难以尽善尽美地达成。如在人类进化中，吾等无法扭转乾坤，压制人性的破坏力；如吾等仍不顾大同，因小异而彼此仇恨，并从而因小利而彼此残杀；如吾等依然凭借对自然力的掌控有长足进步，而非斗个你死我活不可，试问人类未来的希望何在？人性本来充满冲突，文明难求。如能确保人类永续，已属不易。责任重大，慎勿或忘。

敝人致力著述，犹如尊驾，所为无他，劝善世人。然而知音难求，谨呈小书一册，深信君所未读，其名《集体心理学和自我分析》，付梓于1921年。该书并非敝人杰作，却有由小致大、由个人而了解社会之功能。

一片真诚

弗洛伊德敬上

以下这节文字摘自《文明及其不满》。弗洛伊德后来承认，文中所提到的友人便是罗曼·罗兰。

有一些人，同代人绝不会吝于赞扬称颂，虽然他们之所以伟大的特质与成就，迥异于大多数人的目标和理想。……这例外的少数人中，有一个在信中自称是我的友人。我曾送他那本将宗教当作幻觉来讨论的小书（指《幻觉的前景》），他在回复时表示，他完全同意我对宗教的判断，但他因我未能适切掌握宗教情操的真正根源而感到遗憾。他说，这情操存在于一种特殊感觉，这感觉他不曾没有过，许多人也证实他们有同样经验，而且他认为可能存在于成千上万人身上。这感觉，他愿称之为对"永恒"的感受，是一种无限的，或"巨洋"般的感觉。……我非常敬重的这位朋友曾赞颂诗中幻觉的魔力，他的观点着实令我为难。我无法在自己身上找到这"巨洋"般的感觉，要以科学方法研究感觉也颇不容易。

1929年诺贝尔文学奖得主托马斯·曼（1875-1955），日耳曼心灵的焦虑之化身，源源不断写就一部部传奇小说巨著：《魔山》（1924）、《约瑟和他的兄弟们》（1933-1943）、《浮士德博士》（1947）……他身为知识分子，反纳粹责无旁贷；四处旅行演讲，抨击国社党，终于被迫流亡异乡。他擅长掌握古今人物心理，眼力独到深刻，从而与弗洛伊德鱼雁不断。弗洛伊德见托马斯·曼新出版《约瑟和他的兄弟们》创造当代神话，呼吁恢复人类对理性力量的信仰，乃致此函，揭示这个《圣经》人物与拿破仑结有终生之缘。

致托马斯·曼

维也纳第九区，上坡路19号
1936年11月29日

可敬爱的朋友：

上次你来维也纳，给我留下的印象非常好，使我念念不忘。不久之前，我刚读完你的新书《约瑟和他的兄弟们》（指第一卷）。想到读时的快感，我不禁悲从中来。今后我可能不再有机会读到你的下一部新书。

这个故事以及你在演讲会所陈述的"真人真事"，和神话典范的概念结合起来，令我产生另一种构想。虽然你人不在此地，不会客气地回答我并提出详尽的意见，我仍然要像你在面前一样地跟你谈谈。这一构想并不见得严谨，却像往昔赶马车的人举鞭拍出声响，希望有抛砖引玉的效果。

因此，我不禁想问，在这世上是否有人把约瑟生平拿来当作传奇典范——这位人物，纵然外表看来一生复杂多变，其实主宰他的只不过是如魔附身，对约瑟的幻觉而已？

我以为拿破仑一世就是这么一位人物。

a）他是科西嘉人，大家庭中的第二个儿子。他的长兄叫约瑟。这一点虽然只是细节，就像上天注定一样，偶然与必要却总是互相牵连，纠缠人的一生。在科西嘉家族里，长兄的权力总是

被奉为神圣（我想，阿尔丰斯·都德〔Alphonse Daudet〕在一本叫作《富豪》的小说里，对这种特征有详尽描述。我会不会是记错了呢？不然该是巴尔扎克的某一本书吧）。依照这种科西嘉传统，原本平凡的人际关系有时会走向极端。长兄成天敌，老二对他总是抱着原始、粗野的敌意。这种情结，长大后有时会闹出人命。孩童时代的拿破仑，心中愤懑，想取约瑟而代之，把自己变成约瑟。这种心态虽说古怪，却是可以理解的（也不全然）。而可以确信的是，儿时动机到头来却转化成相反的态度。最恨的人变成最爱的人。这一点我们可以从拿破仑生平看到。原本气死约瑟的拿破仑，其后却对约瑟比对任何人都好。约瑟可以说是一位不值一顾，又不可靠的人，拿破仑却从来没有骂过这个人。起初的恨意不但消失无踪，反赏之以黄金，让他随侍左右。然而，没有兄弟可斗了，斗性依旧，只好找些替死鬼。数十万的无关人士，因此就为这位短小精悍的人物送了命。

b）从另一方面看来，父亲早死，青年时代的拿破仑跟母亲相依为命，身代父职，非常照顾弟妹。一旦跃身成为将军，有人建议他娶年长于他、出身名门而又有势力的寡妇为妻。反对这件事的理由委实不少，他却极可能只因为她名叫约瑟芬〔Joséphine de Beauharnais，"约瑟芬"即相对于"约瑟"的女性名字）而娶

了她。就凭着这一个名字，他把对他兄长的爱意转移了一部分给她。她并不爱他，对他也不好，甚至给他绿帽子戴，而我们这位暴君，虽然一向对女人不理不睬，却对她有无限的眷恋，总是原谅她，对她再怎么样也不生气。

c）他对约瑟芬的热恋源起于她的名字，但显然并不是把她跟约瑟视同一人。这一点从埃及战役可以看得最清楚。拿破仑把自己当成约瑟，而为了在兄弟面前显得伟大，不去埃及又到什么地方去呢？此一征战的政治动机，如果审查一下这位年轻将官的心态，立刻可看出，其实是要把他的幻觉合理化：是约瑟就该去埃及。不过，由于这一场战役，世人又重新发掘古埃及。

d）依样画葫芦，其后他在欧洲所实现的也是基于跟开赴埃及一样的心理。大封兄弟为君、为王，即使像杰洛姆（Jérôme）那么无能，因为是他的幺弟，也照封不误。接着，他又回过头来，讲究现实，把约瑟废了。从此以后，他就走上败亡，因为他违反了自我的神话，等于自掘坟墓。俄国之役，仓促成军，暴虎冯河，导致全败。对约瑟不再爱，对约瑟芬不再忠，自造孽不可赦。上天似乎要跟拿破仑作对，约瑟只好另辟天地。然而，约瑟梦想日、月、星辰都会对他低头却是不切实际，也是自掘坟墓。……

我女儿提醒我，这些如魔附身的话，上次你来这里给我们朗诵你的论文时已经讲过。

当然应该是她对。我自己却忘了。读完你的书，这种想法又不自觉地浮现出来。我不知道该把这些已经写了的话留下来，还是寄给你。反正不管寄不寄都该道歉。

诚心诚意

弗洛伊德

德国女作家露·安德烈亚斯—莎乐美（1861–1937）从事精神分析，深受弗洛伊德赞赏与支持。往返书信皆以彼此友情为基础。托马斯·曼倡言，弗洛伊德所发现的潜意识颇有神秘论的倾向。此事不为莎乐美所同意，是以致函弗洛伊德，全力支持精神分析的基本理论。

〔哥廷根〕

1929年7月14日

亲爱的教授：

早就想写信给你，因为托马斯·曼在我们新期刊的头栏里写了一篇关于你的文章。你当然已经看到了，是不是呢？文辞空泛不着实际，却也并非毫无价值。令我为难的是，颠倒是非之处在所不少，至少我本人的感觉是这样。他把你当作一位探索奥秘的思想家，个性倾向于神秘论及隐晦深奥的事物；而他赞赏你的是，尽管你的神秘倾向，你仍然公开反对落后并支持进步。就像你自己讲过的，从头开始，你所探索的根本就不是那些"深奥的事物"。这一点他从来就不知道，也不知道你所操心的事经常给你带来麻烦，而你最担心的危险本就是那些神秘论者所爱好的。他更不知道，这件事对精神分析协会创立的时机有多重要——精神分析协会创立时，会务操在心不在此的人手中，该人士的意图，是想从这些心灵深处的新发现摘取合乎自己理论的东西，才万不得已加入协会。当然，他也不愿给予这些新发现过高的评价。对我来说，这是重要关键的开端。我隐隐约约感到为何在你之前的人士对这门学科会毫无概念，因为他们其实并不情愿严守科学原则，私心想探讨的是些毫不相干的幻觉事物（即使是我，也难以抵挡诱惑，这也就是我只有跟你在一起才会感到安心、自在的道理）。剩下的就只有两件事，第一，这个人所专心致力的目标并不是他私心所要的；第二，这个人天资聪明，能把研究转移方向。把这两件事连贯起来也不是件容易的事，要看他是否能统合天资与性格。至少对我这个词不达意的人来说，这件事实在难以说清楚。但我又深知，要了解精神分析协会的症结，此事极为重要。这个人的心结的最后排解方法，极可能导致他自身产生某种"抗拒",造成协会宗旨与其私人愿望相互矛盾,否则协会在心灵方面的成就会以他私人的范畴为界限,而无法尽情发挥。

由此我想到许多人都听过,也非常有趣的反对意见,那就是说:要当精神分析学家并不需要本身先自我分析一番,道理是精神分析协会创始人自身并没有经过分析;其实他应该以身作则,率先自我要求,进行此一心智活动,然后我们大家才能够追随他,达到了解什么是"我们自己"的最低要求。……

这封信在我桌上放了一阵子。如今,安娜的来信已收到,我已知道你们暑期度假的地址,我当场就把它寄出。我也会另函寄给安娜。安娜告诉我一个好消息:"爸爸正专心在搞某些事……"

谨致上最亲切的关心。无论何时、在何地,我们都该再见次面。

关心你的露

安德烈亚斯-莎乐美
《弗洛伊德信函》

擅长讽刺,用语独到的奥地利文学批评家与新闻记者克劳斯(Karl Kraus,1874-1936),于1899年创办文学与政治评论杂志《火炬》(Die Fackel)。他对当代问题的批评每每尖酸刻薄,从而有"咬牙切齿者"的外号,即使是弗洛伊德也不能置身于他的冷嘲热讽之外。

到卢尔德(Laurdes)去朝圣,神迹让人不药而愈。那么,神经科医生带给我们的魅力又是什么呢?

精神病医生之于心理学家,犹如星相家之于天文学家。长久以来,在精神病学里,星相总会插上一脚。首先,我们的行为是依星座而运转,我们的本命星从不离身。接着就是遗传论。本命星像是奶妈的乳汁,乳汁既然为婴儿所喜,那么这辈子也就这样断定了。孩提时代的性印象是其后各种行为产生的起因。如此一来,一个人成熟后才会有性欲的说法不攻自破。然而,矫枉不宜过正。时代进步,科学是一切知识的律法,却难以毫无限制地应用在性研究的快感上。格洛斯特(Gloucester)那位私生子(指莎士比亚剧中人物李尔王)语带讽刺地说:"我父亲在天龙星期间之末与我母亲交配,而我又生于大熊星期间,从而我为人本该粗暴荒淫。"不管靠太阳、月亮或星星,看来都要比靠宿命力好吧!

古老的科学否定凡成年人都有性欲的本能,新科学却告诉我们,人从婴儿期就有性快感。我看还是老的说法好些吧!因为老说法至少与某些别有用心人士的若干言词背道而驰。

新的心灵探险家们认为万事始

于"性"。有例照例，我们不妨如此诠释他们的方法：神父聆听告解也是一种情欲行为。

那些制造病理学天才的神经科医生，我们该用他们的著作敲他们的头。那些为活体解剖用白老鼠请命，以及那些不反对把艺术品当作实验品的人们，我们也该予以同等对待。所有那些想要告诉我们，永恒只不过是妄想，而正常人的所有理性心智功能，因其既不新奇，也没有想象力，所以尽可抛弃的人，不管是在哪里遇到的，都该捉来用脚踩破他们的脸。莎士比亚难道是精神错乱吗？人类竟要因为自己是健康的而胆战心惊，跑去求神问佛，搞得比原来还疯狂！

神经病理学的原则原来是：一个好好的人，只要你说出他得了什么病，就可以把他整治得更好。

现代神经病学家把病人提升到顾问的位阶，从潜意识中找出隐藏的意识——这潜意识可能令人兴奋，却不见得充满希望。他们的做法好像不是要把病人驱离疾病的火灶，反而是要扇风助燃，炮制病人；不想为病人消除病痛，反而凭空捏造隐私，让病人以症状为傲，让病人怪罪他人以求心灵痊愈。这样做难道会有成效吗？总而言之，这种做法的好处是让一个外行人不用治愈任何病人，就可跻身专家之列：他们治病的办法最主要的就是观察病人本身，但这种办法绝对不会是心灵治疗的救命血清。

但愿医生不再从透视法的观点描述病症——即使对想象出来的，无病呻吟的病亦然！

日耳曼人的家庭常用传说中甩鞭子打人的老头来恫吓小孩子，要他乖。至于大人嘛，我们不妨宣称精神病医生会来带他走，好吓他。

今天，精神错乱的人都承认，被精神病医生拘禁以后，病情会变得更加激烈。

精神病医生之于精神病患，我们可以说，只不过是一物的正反面，同其疯狂。

克劳斯
《警句与矛盾》

潜意识与政治

人们经常指责精神分析学者
自视过高，对历史、社会
与政治的发展从未插手。
他们可能忘了潜意识是
无所不在，不分你我的，
而世上所出现的任何论调，
都是心灵生活的反响。
面对犹太人当时的处境，
弗洛伊德并未诉诸
祖先的宗教，以寻求力量，
反而从人类心灵的底层，
探寻原因和出路。这位
绝不妥协的无神论者，并未
因此而否定自己的犹太身份。
他自称："无神的犹太人。"

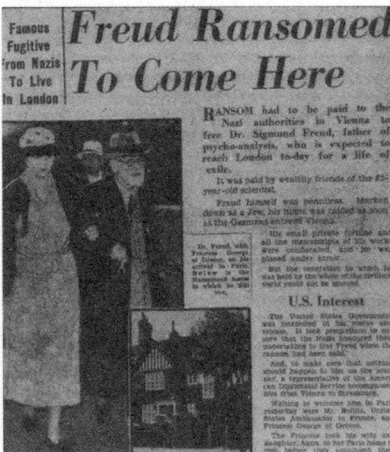

弗洛伊德在大学任教：
政治上胜利而道德上犯规

这位从俄狄浦斯故事中解开人类命运之谜的大师，是位喜欢开玩笑的人。到了45岁，原本默默无闻的弗洛伊德博士，总算升任大学副教授。他以新闻记者的口吻、诙谐的语气告诉朋友，他的升迁是某种政治上的胜利："社会大众的认可不用说，祝贺与花篮纷至沓来，就像'性'的应有角色受到国王陛下公然认可，梦的真义也受到部长会议证实，而歇斯底里症需用精神分析疗法的主张，更在国会以三分之二的多数通过。"

这就是维也纳式异想天开的看法：政治权力向情欲和梦屈服。

这玩笑的背面藏有某种问题。发表这论调的前两年，弗洛伊德的《梦的解析》已认定解梦的基本原理："梦就是欲望的实现。"1902年他写下这句话时，更引述各种材料，证明这个原理也适用于了解幽默话的意涵。他并追加一句："幽默话同样可以揭示问题的解决之道。"

因升迁而心喜，弗洛伊德却未因此而得意忘形、自满松懈。他反而更想百尺竿头，再进一步，期待他那不太正统的情欲科学能在国会中无异议通过。他那想象中的国会，以三分之二高票批准使用心理疗法对付癔病。然而现实政治的情况完全相反，得了政治上的癔病，奥地利国会在1902年

无论是针对哪一项法案的决议，不用说三分之二，连半数都达不到。

　　当时政治上的瘫痪，弗洛伊德一点也不关心。他所操心的事既明确也模糊：在大学规划的问题上充满示威与事故之际，他应与政治体系维持何种关系。……他曾打趣说，政治权力不会被推翻，也不会解体，反而会奇迹似的在众人异口同声认可他的理论时，更趋和谐与一致。年轻时代的盼望，使他凭空想象出这种政治上的胜利，却也让他承受了种种痛苦。

　　新任教授自我恭喜之余，弗洛伊德心中仍有疑惑，并归咎于自己。他觉得，如果他积极一点争取，他的任用状早就该来了，在写给弗利斯的信中，他就表示："四年间，我简直是毫无动作。"一直等到《梦的解析》完成后，他才想到"总该做点该做的事"，向上司提出要求。此举也有道德上的疑虑，"难道放弃自己的坚持"，去跟当权者勾结。要得到校方承认，总有些手续要办，关于此节，事成后弗洛伊德颇有自责之意。本就厌恶当权者，这下子岂非向他们屈服？"我总算了解旧世界是由权威管辖，正如新世界为美金所宰制一般。这是我第一次向权威弯腰鞠躬。"

　　就这样，弗洛伊德的晋升在想象中是一种政治上的胜利，良心上却自认为是道德上的犯规。良心与想象互相矛盾，为的却是本行之中的某种成就。面对奥地利的政治与社会现实，身为犹太子弟，却也是国家公民与学者，他的长期奋斗可以说是赢了。在《梦的解析》书里，这种内心挣扎与对外奋斗有最完整与最私密的写照。同时，他超越自我，更进一步地诠解人类经验，把政治降级为心灵力量的附带现象。……

汉尼拔誓言尚未兑现而身已丧，弗洛伊德安抵罗马

　　《梦的解析》既成书，弗洛伊德的理论工作与自我分析总算是告一段落。1901年，也就是他父亲逝世后五年，他终于踏进"永恒之城"。其目的并不在于"向罗马人讨回公道"，而是沿着温克尔曼（Winckelmann）的足迹，做个心理考古学家、知识上的

朝圣者。他说："这是扣人心弦的经验，如你所知，是一个古老愿望的实现。结果却有点令人失望。"弗洛伊德更写出三种他对罗马的不同观感：第三种是现代的，"充满朝气，可亲可爱"；第二种则是天主教的，充满"救赎谎言"，令人困扰，"联想到我个人的不幸以及我所知的种种惨况"；只有第一种罗马，即古代的罗马，着实令他欣喜——"凭吊智慧女神密涅瓦（Minerve）破败庙宇的废墟，令人欣喜"。

为什么会想去观赏智慧女神的废墟？弗洛伊德对此有何说明？朱诺（Junon）是位带有阳刚之气的妇女之神，罗马城的创建者尽皆对她敬畏有加，而智慧女神虽也是雌雄同体，却是处女之神，是国泰民安的保护神。她所配备的长矛、饰有群蛇的盾牌，以及刻着三个蛇发女怪戈耳工（Gorgone）的铁甲，都是用来驱退外敌，保卫城市的。1902年，在弗洛伊德参观罗马神庙后不久，智慧女神的希腊化身雅典娜雕像也在维也纳国会之前树立，自由派人士将它视为政情稳定的象征。密涅瓦的智慧与众不同，能化敌为友，与主神朱庇特（Jupiter）和平共处，调和必要的结构与权力现实。

在本文开头所引述的信函中，弗洛伊德语带讽刺，谓其升任教授席，实乃政治上一大胜利。虽云幽默，苦味十足。就个人与行业上言，此事诚属一项成就，然以自我道德规范视之，则有违良知：弗洛伊德不得不在奥地利寻求"保护"，即社会上有影响之人士的协助，以利升迁。

"其实这是我的个人作为。从罗马回来以后，我感到生趣盎然，而殉道之意已荡然无存。因此，我决定打破狭窄的道德规范，像其他人一样，采取合适的措施。力争上游总会有出路，而我选定的出路就是教职。"

孤军奋斗，历尽艰苦，精神分析上的重大发现使弗洛伊德能够克服罗马情结，观赏破败的智慧女神庙，并平反他在大学里的地位，可以说是政治上的一大胜利。把个人历史包袱与现时政治当作古来父子对立情结的附带产物，弗洛伊德等于提供自由派人士某种对于人类与社会的非历史观理论，以缓和奥地利分崩离析、无法掌控的政治现状。

肖斯克（Carl E. Schorske）
《世纪末的维也纳》

犹太认同问题

维也纳的犹太人处境可怜，然而弗洛伊德既不愿改名换姓，以求一劳永逸；也不肯走上社会民主党（有许多犹太人参与其中）之路，从政治与社会面寻求解决方案；更不愿采取犹太复国主义的路线。专心研究潜意识的真相，却不太理会历史与社会现实的问题，弗洛伊德所关心的是会做梦、能忘怀、能笑、能叫、能爱、会犹疑、能思考、会不安、会乱想或瘫痪的人。进而他也探讨犹太人的认同问题，以寻求他自己的解决之道。超越习惯上的分类法，不以宗教、归化问题或民族主义来考量，他的建议与社会民主党领袖维克多·阿德勒

1935年左右，纳粹学生占领维也纳大学。海报上文字的意思是"禁止犹太人进入"。

（Victor Adler）、犹太复国主义者赫茨尔（Theodor Herzl）、海涅（Heine）或勋伯格（Schöberg），以及改信他教和犹太教正统派的人等等，相去甚远。他所提供的是某种内心净土，这块净土每人心中都有，可充当避难所。表面上早已为人忘怀的记忆，可留传数代而不会消失。政治与宗教，两者早晚都斗不过潜意识的定律，只好臣服。

弗洛姆（Lydia Flem）
《弗洛伊德及其患者》

代罪羔羊之必要

一个较小的文化族群如果因容许其成员敌视入侵者，而让这本能（指攻击性）得以宣泄，其好处实不宜低估。一群人总是可能因爱结合，只要有别的一些人承受他们的攻击性。……现在我们了解，这是便宜而比较无害的方式，族群成员较易因此而凝聚。就此而言，散居各处的犹太人对他们的地主国，实已提供莫大贡献。但不幸中古时代几次屠杀犹太人的行动，并未使那个时代更和平，使他们的基督徒同胞更安全。……因此，日耳曼人宰制世界的梦想诉诸反闪族主义，作为一种补偿，也不是不可理解的。

弗洛伊德
《幻觉的前景》

何谓文明?

1935年，弗洛伊德写道：
"我的兴趣多年来绕道而行，
历经自然科学、医学
与心理治疗，
如今转入文化问题。
其实，此类问题早在
我还不大会思考时
就令我着迷。"
于1929年完成的重要著作
《文明及其不满》，所论述的是
"幸福、文明与罪恶感"，
可谓弗洛伊德
对应用心理学，亦即社会学
的最后贡献。
这本小书写作的时间，
正可以说明其忧郁笔调的原因
纳粹势力在德国
和奥地利正迅速扩张。
但这一份忧思绝不只是
对时局的反应——
他其实正凝视着人类这种动物
与文明之间永恒的争战。
这节文字摘自该书，
分析了文明的各种特征。

身处今日文明，人人感到不安，这一点似乎很明显。然而生活于往昔的文明中是否比较快乐，此事很难加以判定，往昔的文化条件在此事中所扮演的角色也不易评估，……诸如古代船舰奴隶、三十年宗教战争期间的农民、宗教异端裁判受害人，及惨遭屠杀的犹太人，其处境何等不幸、恐怖。但我们面对此等情景时，无论如何畏缩恐惧，实不可能真正设身处地，感同身受。我们也难以推测，原本愚钝的心灵、逐渐麻木的过程、不再存有任何希望的态度，乃至于种种或粗糙、或精致的自我麻醉方式，这一切对他们感受苦乐的机能造成怎样的改变。另外，受苦到了极端时，会有某些自我保护的心理机制发挥作用，协助人们渡过难关。不过这方面的问题，我看似乎不必进一步追究。

现今该考量的是能带来幸福的文明，其精华何在，其价值有何疑问。……

技术进步："简直是童话奇谈!"

凡是有助于人类克服大地，转为己用，以及对抗大自然力量，以保护自身的活动与资源，都可以称为文明化的事物。这是文明之中最不容置疑的一面。追溯远古，工具之使用、火之掌控，以及房舍之建造，都是文化的初期特征。在这些特征里，第二种（火之掌控）占有史无前例的重要性。其他的特征则为人类开出通路，其后无时无刻不在进展，而进展的动机也是易于了解的。借着工具的使用，人类的器官，无论是运动或感觉器官，得以日臻完善，或者能力范围大为扩张。各种配备马达的机器，可照肌肉的意思施展强大的力量；借着飞机与轮船，空气与水都无法阻止人类的移动；有了眼镜，眼球晶体原有的缺点得以矫正过来，望远镜使人看得更远，而显微镜使人不因其视网膜构造的限制而看不到微小的东西；有了照相机，瞬间即逝的视觉形象可以长留，在声音方面，留声机发挥了同样的作用，这两种工具等于使记忆化为实体，而不待努力追思；有了电话帮忙，我们跨越了即连童话也认为不可能跨越的距离，听到远方的声音。追根究源，文字本是不在场人士的语言，住屋等于母体子宫的代替品。母体子宫是第一个住所，人类很可能永远眷恋，在母体里，任何人都感到安全、自在。

简直是童话奇谈嘛！……

自此，人类几成"假神半仙"。一旦用上这些辅助器官，人类的表现确乎神奇。只可惜这些器官非但不是天生就有，而且有时还会带来不少困扰。不过，话说回来，稍堪自慰的是，技术的进步并不会到了1930年就停止不前。在长远的未来里，文明的这一面将会有难以预测的既可观又新颖的进展。随着科技的突飞猛进，人的神性会越来越明显。只是在我们这个研究里，我们不该忘怀，即使今日的人类越来越像神，他们到底不觉得幸福。……

肥皂的使用：文化程度的直接指标

……然而我们对文明另有所求，并寄望各国都能早日满足这些要求。看似否定先前的需求（技术进步），其实不然，我们是要更坚决地礼赞这其他的需求，视之为另一个文明指标。这种指标是那些看似毫无实用价值，我们却希望人们也多加关切者——举例言之，城市之中需要绿地，作为新鲜空气贮存所和孩童游乐之地，但我们还希望看到绿地上布满花圃，我们也希望看到（具有实用价值的）房舍门窗饰有花纹。我们期待文明予以重视的这种"无用"的事物，我们立刻察觉，乃是"美"。凡是文明人，我们都期待他礼赞在大自然之中遇见的美，并尽其所能，在人造物之中也创造美。但我们对文明的要求并不就此终止。接下来我们所要求的是整洁与秩序。在莎士比亚那个年代，你怎能高估英格兰乡野城镇的文化水平？就像我们所读到的，莎翁家居斯特拉福（Stratford），门前堆肥如山，臭气四溢。而今日，每当在"维也纳森林"（指维也纳郊区丘陵地的森林）散步，举目看到废纸四处，总有人会愤慨不已，斥之为"野蛮",也就是说,不文明。脏乱与文明似乎难以相容。引申之下,我们对人类的身体本身也要求整洁。当我们听说太阳王身上会发出臭味时,便感到惊愕;在"美丽之岛"(Isola Bella)上,当我们看到拿破仑早上清洗用的小面盆时,也不禁要摇头。

确实,如果有人想直接把肥皂的使用设定为文明的一个指标,我们是不会惊讶的。秩序亦然,且犹如整洁,仅能就人类的事务而言,才可视为指标。不过,我们虽然不能期待自然界原有清洁这一回事,秩序却是我们从自然界模仿来的。伟大的天象规律一经人类观察、领受,即成他们自己生活中的典范。秩序是一种强制力量,令人一再重复,一旦规律设定下来,秩序便决定一件事何时何地、应如何做。如此,只要情况相似,遵循秩序便可免除犹豫不决。秩序使人得以充分善用时间和空间,而保留他们的体力。依此而言,我们实有理由希望,秩序从一开始就毫无困难地出现于人类活动之中——但,相反地,人类的行为显示,他们在工作上天生有草率轻忽、杂乱无章及不可信靠的倾向,同时,他们在学会遵循天体所提供的典范之前,总需经过一番辛苦的训练。

在文明的各项需求中,美、整洁与秩序显然占有特殊的地位。虽然没有人会说它们跟人类对自然界力量的掌控同等重要,一样攸关生存,却也不会有人把它们视为无关紧要。……

精神活动：高度文化的明证

文明之中最具特征的,就是人类对高度心灵活动,对知识、科学与艺术成就的推崇与鼓励,以及理念在人类生活中所扮演的主导角色。诸种理念之中,宗教体系占有崇高地位(关于宗教的复杂结构,我已尝试在他处加以阐明)。宗教之外,各种哲学思辨杂陈,最后则是所谓的人之理想,也就是说,我们对于个人、民族,乃至于全人类的可能完美状态的想法,以及以此等想法为基础而提出的各种要求与憧憬。由于这些心灵产物并不是各自独立,而是彼此密切交织依存的,要如何去描述阐明,甚至追索其心理源头,实在是一大难题。假如我们可以广泛地认定,所有人类活动的动力都是为了追求实用与享乐的双重目标,那么我们就必须假定,这一点也适用于此处所讨论的各种文化表象。我们虽然只有在科学与艺术活动中才能明显察觉这一点,却不可以因此就否定其他活动也是为了满足人类的强烈需求——即使那是只有在少数人身上才看得见的需求。同时,我们决不能因为对特定宗教、哲学系统或理想持有某种价值判断,而视之为不足取。无论我们是在它们里面看见人类精神的最高成就,或视之为人类可悲的歧路，我们都不能不承认，宗教、哲学与理想的存在（特别是在一个文化之中居于主导地位），即意味着文明已臻于高度水平。

个人自由并不是文化的产物

文明的最后一个（但绝非最不重要的）特征，是人际关系的安排方式。人际关系，事实上就是社会关系，无论在此人与人的关系是邻居、彼此互助、性交关系，或者是家庭、国家成员的关系。……于是，相对于被斥为"蛮力"的个人力量，群体的力量被赋予"正当"地位。以群体的力量取代个人力量，文明由是跨出决定性的一步。其基本特征在于群体成员限制了自己欲望的满足，孤立的个人则为所欲为。因此，文明的首要条件乃是对正义的要求，也就是说，法律既已制定，任何个人即不可为了图利而有所违背。这样的法律在伦理价值观上并没有抱持特定立场。然而，随着文明的进展，诸如特定种姓、阶级或种族等小群体的意志，越来越不能左右法律的制定，否则这些小群体将有机会像个人一样，使用暴力压制其他族群，甚至压制一个人数比它众多的群体。最后的结果应是因为所有个人（未能成为群体成员的个人除外）牺牲其本能冲突而建立起来的法治，这样的法治将使任何个人（未能成为群体成员的个人依然除外）免于暴力的侵犯。

所以说，个人自由完全不是文化的产物。文明还没有出现以前，个人自由最大，但当时既然谈不上什么维护个人自由，这自由可以说没有什么价值。文明进展越来越限制个人自由，而按照正义的原则，无人可以例外。当某个人类社会感到内部有要求自由的呼声，那可能是因为有非正义的现象存在，因此，对自由的要求可能有益于文明的进一步发展。在这种情况下，个人自由仍然是可以与文明并行不悖的。但自由的呼声也可能来自残留的个人主义，来自未经文明驯化的人格，在这种情况下，个人自由便可能成为与文明敌对的力量。……

即使用尽任何办法，人的本性似都不可能变得跟白蚁一样。人无疑一定会设法主张个人自由，反抗团体意志。人类有许多抗争，其中正面的抗争大多朝向同一个目标，即在集体文化需求与个人要求之间寻求适当的平衡点，一个可以带来幸福的平衡点。决定未来人类命运的问题之一，就是找出这个平衡点的可能性：是否某种形式的文明有可能达到这个平衡点？或者，集体文化与个人自由的冲突永远无法解决？

弗洛伊德
《文明及其不满》

年表

1815 父亲雅可布·弗洛伊德出生。

1832 雅可布与莎利·康纳结婚。

伊曼纽尔·弗洛伊德出生。

1835 母亲亚玛莉亚·纳旦松出生。

1836 菲利普·弗洛伊德出生。

1855 7月,雅可布再婚。

1856 5月6日,西格蒙德·弗洛伊德(原名"西吉斯蒙德")出生。

1857 10月,尤里乌斯·弗洛伊德出生(次年4月夭折)。

1860 全家移住维也纳。

1865 弗洛伊德入中学。

1873 弗洛伊德上大学。

1876 在的里雅斯特(Triete)研究鳗鱼类的生殖腺。

1877 初次发表科学研究报告。

1878 正式改名为"西格蒙德"。

1876–1882 在布吕克指导下做研究。

1881 获医学博士学位。

1882 4月,初识玛莎·贝内斯。

6月17日,私下订婚。

7月31日,进入维也纳综合医院。

11月,研究病患者安娜·O.。

初提神经元的雏形理论。

1883 5月,出任梅内的助理。

9月,决心专攻神经学。

1883–1885 从事骨髓研究。

1884 4月,开始研究古柯碱。

9月,科勒(Koller)提出有关局部麻醉的报告。

1885 6月,弗洛伊德获得奖学金。

8月31日,离开医院并烧毁手稿。

9月,获任命为讲师。

9月,逗留万兹贝克6周。

10月11日,抵达巴黎,开始在夏尔科指导下做研究。

圣诞节,再访万兹贝克。

1886 2月28日,离开巴黎,再度顺道前往万兹贝克。

3月,在柏林游学,研究幼儿疾病。

4月15日,开始执业医生。

8月,服兵役。

夏,在卡索维兹(Kassowitz)手下从事小儿科工作。

9月13日,结婚。

10月15日,在皇家医师学会发表演说,讨论男性歇斯底里,遭到梅内教授的严厉批评。

11月26日,再次在皇家医师学会提出论文,对梅内的挑战提出答辩。

1887 10月16日,第一个孩子马蒂尔德诞生。

11月,结识弗利斯。

12月,开始使用催眠暗示法。

1889 夏,前往法国南锡访问伯恩海姆,进一步认识催眠法。

12月6日,第二个孩子马丁诞生。

1890 着手应用舒泄疗法。

1891 2月19日,第三个孩子奥利佛诞生。

夏,迁居上坡路19号。

发表失语症与小儿脑性麻痹的研究报告,开始显示出对心智问题的心理层面的兴趣。

1892 4月6日,第四个孩子恩斯特诞生。

1893 1月,与布洛伊尔共同发表《初步研究报告》。

4月12日,第五个孩子苏菲亚诞生。

8月,夏尔科去世。

1894 与布洛伊尔的关系恶化。

1895 5月,《歇斯底里研究》出版。

7月24日,在维也纳郊区度假,顿悟解梦之道。

9月,与幺弟亚历山大初访意大利,但行踪局限于北部,因心理上的障碍未能前往他最想看的城市罗马。

12月3日,最后一个孩子安娜诞生。

12月,终生未婚的小姨子明娜迁入上坡路19号。

1892–1898 致力研究"自由联想"的方法。

1896 3月,首次采用"精神分析"一词。

10月23日,父亲雅可布去世,为此痛苦数年。

1895–1900 与弗利斯密切交往,友谊甚笃。

1897 2月,素来亲善犹太人的诺特纳杰教授,推荐弗洛伊德升任副教授。

8月,开始自我分析。

10月,致函弗利斯,称已了解《俄狄浦斯王》的力量。

1899 11月4日,《梦的解析》出版。

1900 8月,与弗利斯绝交。

10月,杜拉个案。

1901 9月,弗洛伊德突破心理纠葛,与弟弟相偕初游罗马。

1902 3月,运用关系,获升任教授职(ausserordentlicher Professor,约相当于"副教授")。

10月,开始举行"星期三心理学 座谈会",是为维也纳精神分析学会(成立于1908年4月)的前身。

1904 《日常生活的心理分析》出版。

9月,开始与布洛伊勒通信。

1905 出版《性理论三讲》、《幽默及其与潜意识的关系》及《杜拉个案》。

希区曼(Hitschmann),琼斯和史迭克(Stärcke)开始从事精神分析。

1906 4月,荣格与弗洛伊德开始通信。

1907 1月,第一个闻名而来的苏黎世人埃廷冈造访弗洛伊德。

3月,荣格初访上坡路19号。

4月,阿伯拉罕初次来信。

9月,荣格在苏黎世创办"弗洛伊德学会"。

弗洛伊德发表讨论詹森小说《格拉狄瓦》的论文。

1908 2月,费伦齐初访弗洛伊德。

4月,萨尔兹堡第一次国际精神分析会

议。弗洛伊德发表"鼠人"个案。

4月,布里尔与琼斯造访弗洛伊德。

4月,扩建公寓,烧毁先前的信件。

8月,阿伯拉罕创办柏林学会。

9月,访问英国,顺道与荣格在布哥兹利共度4日。

1909 《精神分析年报》创刊。

4月,普菲斯特尔造访弗洛伊德。

9月,美国克拉克大学讲座。会见荷尔、哲学家詹姆斯(James)、神经学家普特南(Putnam)。

1910 2月,"狼人"个案。

3月,纽伦堡国际会议。国际精神分析协会成立,荣格获选为会长,其亲戚和同僚里克林出任秘书长。

5月,成为美国心理病理学会会员。

5月,《达·芬奇和他的一个童年记忆》出版。

10月,《精神分析中央学刊》创刊。

1911 2月,布里尔成立纽约精神分析学会。

5月,琼斯创设美国精神分析协会。

6月,阿德勒离开维也纳学会。荣格与弗洛伊德之间的嫌隙扩大。

9月,魏玛国际会议。

1912 1月,《图像》创刊。

6月,琼斯创设"委员会",以护卫备受"苏黎世人"攻讦的弗洛伊德。

秋,安德烈亚斯-莎乐美至维也纳学习精神分析。

11月,在慕尼黑与荣格会面。

12月,英国出版首部精神分析著作。

弗洛伊德和荣格实际上已不讲话。

1912–1915 弗洛伊德撰写"精神分析技术"系列论文。

1913 1月,《精神分析期刊》创刊。

5月,费伦齐创设布达佩斯学会。

9月,慕尼黑国际会议。

10月,荣格与弗洛伊德决裂。

10月,琼斯创设伦敦学会。

《图腾与禁忌》出版。

1914 3月,撰写《精神分析运动史》,完成重要论文《自恋导论》。

4月，荣格辞国际精神分析协会会长职，弗洛伊德恢复对协会的掌控。

7月，第一次世界大战爆发。

8月，荣格正式卸任。

11月，异母兄伊曼纽尔死亡。

在《图像》匿名发表论文《米开朗基罗的摩西》。

1915 3—6月，撰写"后设心理学"系列论文共12篇。

1916–1917 在大学里的最后几次讲座。

1918 安娜开始学习精神分析。

夏，冯·弗洛因德（Von Freund）创"出版协会"。

9月，布达佩斯国际会议。

11月，第一次世界大战结束。

1919 1月，国际精神分析出版社成立。

春，开始撰写《超越享乐原则》。

5月，草就《集体心理学》纲要。

9月，费伦齐与琼斯造访弗洛伊德。

9月，埃廷冈加入"委员会"。

1920 1月，弗洛伊德之女苏菲亚去世。

1月，《国际精神分析学报》创刊。

5月，《超越享乐原则》完稿。

9月，参加海牙国际会议。

12月，《集体心理学》完稿。

1922 9月，参加柏林国际会议。

1923 4月，因口腔癌初次动手术。

4月，《自我与本我》出版。

6月，弗洛伊德之孙海内勒因粟粒结核去世。

10月，再次动手术，装上假颚。

1924 8月，兰克与弗洛伊德决裂。

1925 6月，布洛伊尔去世。

7月，安娜·弗洛伊德加入"委员会"。

7月，撰写《抑制、症状和焦虑》。

9月，发表《自述》，刊于4卷本的《当代医生自述》中。

12月，阿伯拉罕去世。

1926 5月，70岁大寿。

12月，爱因斯坦拜访弗洛伊德，当时弗洛伊德在柏林。

1927 8月，撰写《幻觉的前景》。

9月，"委员会"解散。

1929 7月，《文明及其不满》完稿。

秋，费伦齐与弗洛伊德疏远。

10月，欧美股市崩盘。

1930 8月，荣获歌德奖。

9月，弗洛伊德之母亚玛莉亚去世。

9月，著书论威尔逊总统（与布利特〔William Bullitt〕合作，至1966年才发表）。

1931 5月，75岁大寿。

6月，癌症有复发之虞。

10月，出生地弗莱堡为弗洛伊德举行致敬仪式。

1932 6月，撰写《精神分析引论新讲》。

7—8月，与爱因斯坦通信讨论防止战争的方法，于次年结集为《为什么要战争？》。

10月，萨克斯离开欧洲。

1933 1月，希特勒出任德国总理。

5月，弗洛伊德的著作在柏林被焚毁。

费伦齐去世。

12月，埃廷冈离开欧洲。

1934 夏，撰《摩西和一神教》。

1936 5月，80岁大寿。

托马斯·曼向弗洛伊德致敬。

入选皇家学院院士，并获其他荣誉。

7月，癌症复发。

9月，金婚。

1937 1月，与弗利斯的通信被发现。

2月，安德烈亚斯-莎乐美去世。

1938 3月，纳粹入侵。决定离开维也纳。玛丽·波拿巴自巴黎赶抵维也纳，协助弗洛伊德。安娜前往盖世太保处应询，当晚释回。

6月，弗洛伊德经法国抵达伦敦。

8月，《摩西和一神教》在阿姆斯特丹出版。

9月，最后一次动手术。

1939 2月，癌症恶化，无法再动手术。

9月3日，英、法向德国宣战。

9月23日，弗洛伊德去世。

图片目录与出处

封面

弗洛伊德画像（细部）。绢印在花边牛皮纸上。德·加斯巴黎（Jeande Gaspari）作，1975年。

书脊

1936年左右的弗洛伊德。

封底

俄狄浦斯与斯芬克斯。希腊瓶画。罗马，梵蒂冈博物馆。

扉页

1–9 史迪曼《弗洛伊德》一书的插图。1979年。

11 1912年的弗洛伊德。哈伯史塔（Max Halberstadt）摄。

第一章

12 史迪曼《弗洛伊德》一书的插图。

13 弗莱堡风景。弗洛伊德寄给琼斯的明信片。

14 乡下犹太人涌向维也纳。19世纪末的明信片。

15 上 弗洛伊德及其兄弟姊妹。油画。佚名画家绘，1868年。

15 下 弗洛伊德出生的家宅。

16 维也纳维德纳（Viedner）大街，格路克（Gluck）家。维也纳，音乐之友社。

16–17 中 希伯来文题辞，写在弗洛伊德35岁生日时其父交付的家用《圣经》上。

16–17 下 1864年左右弗洛伊德与其父亲的合影。

17 上 1872年的亚玛莉亚·弗洛伊德。

18 《原罪》。油画。考夫曼（IsidorKaufmann）绘，1890年左右作品。私人收藏。

19 上 维斯尼亚克（Roman Vishniac）所拍照片，见《失落的世界》（*Un monde disparu*），巴黎Seuil出版社，1984年。

19 下 席勒像。版画。

20 青蛙、蜥蜴与蟾蜍。素描。歌德绘，1797年。魏玛市，歌德国立博物馆德意志古典文学研究纪念室。

21 弗洛伊德家人合影，1876年。

22 上 汉尼拔在意大利。油画。里班达（Jacopo Ripanda）绘。《布匿战争》壁画（1508–1513）的细部。罗马，卡比托（Capitole）博物馆。

22 下 布吕克。

23 1873年国际博览会时维也纳市景。维也纳，历史博物馆。

24 上 1882年维也纳大学医学院教授群。版画。

24–25 1885年的弗洛伊德和玛莎·贝内斯。

25 弗洛伊德为论文《脊神经节与脊髓论》所做的插画。1878年。

第二章

26 1885年的弗洛伊德。

27 夏尔科著作德文译本（弗洛伊德译）中的插画。

28 上 维也纳综合医院。

28 下 《论古柯碱》扉页，1885年。

29 上 古柯碱处方，1893年弗洛伊德所开。

29 下 大医院里解剖尸体的情景。版画，依1876年沙龙展杰渥（Gervex）油画制作。

30 左 激情姿态：神志恍惚。奥古斯汀（Augustine）摄，见《沙伯特利耶摄影图像集》第二册，布涅比（Bourneville）与雷钮（Régnard）合著，巴黎德拉艾与勒可尼耶（Delahaye&Lecrosnier）医学促进会出版，1878年。

30 中 激情姿态：嘲弄。同上。

30 右 开始发作：尖叫。同上。

31 左 夏尔科教授肖像。油画。多法（Tofamo）绘，1881年。夏尔科家族藏。

31 右 夏尔科讽刺画。1885-1890年间作品。巴黎，医学史博物馆。

32-33 临床授课图。油画。布鲁叶绘，1885年。里昂，平民收容所博物馆。

34 上 "手足痉挛"。版画。里歇（Richer）作。依《奥古斯汀摄影集》中雷钮的照片而制。见《病病或歇斯底里性癫痫临床研究》一书，德拉艾与勒可尼耶医学促进会出版，1881年。

34 下 惩处女巫。彩色版画。格勒文布洛克（Grevembrock）作，18世纪。威尼斯，可雷（Correr）博物馆。

35 上 病病：癫痫发作。素描。夏尔科收藏品。巴黎，沙伯特利耶医院夏尔科图书馆。

35 中 弗洛伊德的夏尔科著作德译本——1886年《神经系统疾病新讲》——的广告。沙伯特利耶医院夏尔科图书馆。

36 上 维也纳的"宽恕之屋"。

36 下 弗洛伊德与玛莎结婚照，1886年。

37 上 催眠情景。油画。伯格（Richard Bergh）绘，1851年。斯德哥尔摩，国立博物馆。

37 下 伯恩海姆教授照片。巴黎，医学史博物馆。

38 上 沙伯特利耶的电疗情景。版画。巴黎，国立图书馆。

38 下 19世纪的自动催眠器材。巴黎，医学史博物馆。

39 上《论失语症》扉页，上面有弗洛伊德题献夏尔科的文字。沙伯特利耶医院夏尔科图书馆。

39 下 伯里龙（Berillon）医生进行医疗催眠。19世纪末作品。巴黎，医学史博物馆。

40 左 1882年的贝塔·巴本罕小姐（即安娜·O.）。

40-41 弗洛伊德的儿女在贝希特斯加登留影，1899年。

40 下 1895年《歇斯底里研究》初版扉页，弗洛伊德在其上题词献给夏尔科。巴黎，沙伯特利耶医院夏尔科图书馆。

41 上 1877年的布洛伊尔。

41 下 弗利斯。

第三章

42《心理治疗》。马格里特绘。纽约，托兹涅（Harry Torczyner）收藏。

43 伦敦马雷斯菲德庭园（Maresfield Gardens）中弗洛伊德的办公室一隅。

44 上《品茶的妇女》。油画。林奇（Alberto Lynch）绘，19世纪末期。秘鲁，利马美术博物馆。

44 下 大沙发。恩格曼摄，1938年。

45《苏菲亚厅》。油画。恩格赫（Josef Engelhert）绘，1903年。维也纳，历史博物馆。

46《格林斯泰德咖啡馆》。油画。渥克尔（Reinhold Völkel）绘。维也纳，历史博物馆。

47 上 1891年弗洛伊德迁居启事。

47 下 1890年的弗洛伊德与弗利斯。

48 弗洛伊德办公室左侧一隅。恩格曼摄，1938年。

48-49 同上，细部。

50 上 维也纳近郊"美景楼"。

50 下 平交道警示牌，上书："两边未看清以前请勿穿过，车后极可能另有列车。"

51 小尼莫在酣睡地（Slumberland）。1908年7月26日发表。见马开（Winsor McCay）所画《小尼莫》，Pierre Horay出版社，1969年。

52 《囚犯之梦》。施温德绘，1836年。慕尼黑，Schack画廊。

53 上 《狐狸精》。水彩画。傅斯利绘。苏黎世，艺术之家。

53 下 《梦魇》（细部）。水彩画。傅斯利绘。

54 《无忧无虑的沉睡者》。油画。马格里特绘，1927年。伦敦，Tate画廊。

55 《摇摆的女人》。油画。恩斯特绘，1923年。杜塞多夫，国立美术博物馆。

56 上 弗洛伊德及其子恩斯特于1901年。

56 下 雅可布·弗洛伊德。

57 图画字谜。见Larousse画刊（1913年1月15日至2月14日号），意谓"巴拿马报道：运河工程进展良好，可望于明年中开航"（长海岬一撕为两个巴拿马：明年中，立于船首，手持七叉鱼标刺杀大扁鱼的镜头，可望实现）。按：在法语中，引号中的话"L'onécritde Panama：'les travaux du canal avaneent et l'ouverture est fixée au milieu de l'an prochain."恰与括弧中的话（Long nez cric deux panamax：l'étrave Aude u canne àl'avant sept loups verre tue raie fixée au milieu de l'anprochain.）同音，而图画字谜的谜底正是引号中的话。字谜图画之于谜底，犹梦中幻境之于其"潜在内涵"。

58 上 1895年弗洛伊德致弗利斯函中的插图

58 下 俄狄浦斯与斯芬克斯。希腊瓶画。罗马，梵蒂冈博物馆。

59 《俄狄浦斯与斯芬克斯》。水彩画。牟侯绘。巴黎，卢浮宫博物馆。

60 弗洛伊德的副教授任用状（1902）。署名者为奥地利皇帝弗兰茨-约瑟夫（François—Joseph）。

61 上 1900年左右的罗马大广场。

61 下 《梦的解析》初版。

第四章

62 《圣母、圣婴和圣安娜》。油画。达·芬奇绘。巴黎，卢浮宫。

63 1909年，弗洛伊德在克拉克大学。

64 1906年的弗洛伊德。照片为其子所摄。

65 上 《夏日欲望》。油画。连兹（MaximilienLenz）绘，1900年。私人收藏。

65 下 小红帽与狼。素描。多雷绘。

66 上 上坡路19号。恩格曼摄，1938年。

66 下 弗洛伊德的涂鸦。华盛顿，国会图书馆手稿部。

67 左 楼梯间。恩格曼摄，1938年。

67 右 弗洛伊德诊室大门。同上。

68–69 "敌对势力"，《贝多芬雕像装饰壁画》局部。克林姆作，1902年。维也纳，国家纪念馆。

70 《裸背》。石墨与水粉画。席勒绘，1911年。维也纳，历史博物馆。

71 《坐姿女郎》。彩色铅笔与水粉画。席勒绘，1917年。布拉格，那罗尼（Narodni）画廊。

72 1912年的荣格。

73 弗洛伊德办公室。恩格曼摄，1938年。

74–75 从门口看办公室。同上。

76 上 《图象》扉页，1913年4月号。巴黎，国立图书馆。

76 下 弗洛伊德五十大寿时，史维特纳（Carl Maria Schwerdtner）所铸纪念章背面，1906年。

77 玛莎与弗洛伊德25年婚庆留影，1911年9月16日。

78 1909年弗洛伊德等人在伍斯特克拉克大学。

79 1911年魏玛国际精神分析会议。

80 左 《格拉狄瓦》。浅浮雕。梵蒂冈，Chiaramonti博物馆。

80 右 弗洛伊德工作室的墙上装饰品。恩格曼摄,1938年。

81 仿《圣母、圣婴与圣安娜》的略图,突显其中的秃鹰造型。见《达·芬奇和他的一个童年记忆》。

第五章

82 弗洛伊德与安娜于1938年抵达巴黎。

83 萨克斯影片《精神分析》的海报。

84 格罗德克。

85 左 《爱与死亡》。油画。瓦特(G. F. Watts)绘,1856年。布里斯托尔市(City of Bristol)博物馆与画廊。

85右 1919年的弗洛伊德与其女苏菲亚。哈伯史塔摄。

86上 安德烈亚斯-莎乐美。

86下 1916年的弗洛伊德与其子恩斯特和马丁。

87 《农神吞食自己的子女》。油画,戈雅绘。马德里,普拉多(Prado)博物馆。

88 1920年的亚玛莉亚·弗洛伊德。

89上 安娜·弗洛伊德。

89右 陀思妥耶夫斯基肖像。版画。

89下 1930年歌德奖公告。

90 漫画中的爱因斯坦、弗洛伊德与斯坦纳(E. Steinach),1931年。斯坦纳是变性手术的先驱之一。

91上 1922年"委员会"成员在柏林。

91中 斯特凡·茨威格。

91下 罗曼·罗兰。

92 摩西雕像。米开朗基罗为尤里乌斯二世(JulesⅡ)陵墓而作。罗马,圣彼得教堂。

93上 1932年左右的弗洛伊德。

93中 依米开朗基罗的摩西雕像而作的素描。弗洛伊德绘。见其论文《米开朗基罗的摩西》,1914年。

93下 弗洛伊德于1938年3月22日留下的笔迹:"安娜到盖世太保那儿去了。"

94 位于伦敦马雷斯菲德庭园的弗洛伊德宅第大门。

95上 奥斯威辛集中营入口。

95下 1932年的弗洛伊德。

96 巴黎的"弗洛伊德街"。姬佑(Yves Guillot)摄。

见证与文献

97 弗洛伊德的藏书票,其中图像为斯芬克斯和俄狄浦斯。

98-99 1845年的弗莱堡。水彩画。佚名画家绘。

100 弗莱堡于1931年,为表示对弗洛伊德的推崇,在他出生的房子门口举行仪式。

103 上坡路19号弗洛伊德公寓平面图。

105 明娜·贝内斯、玛莎和弗洛伊德(由左至右)于1929年合影。

106 沙伯特利耶临床授课图(细部)。布鲁叶绘。

108 夏尔科教授。版画。巴黎,Carnavalet 博物馆。

110 弗洛伊德为"狼人"所做的素描。

111 《小红帽》插图。版画。多雷作。

112-113 《狼与7只羊》。版画。

115 1926年的弗洛伊德,时年70岁。哈伯史塔摄。

117 1936年左右,弗洛伊德在上坡路19号办公室内留影。

119 1938年左右的弗洛伊德。

123 拿破仑在埃及。版画。

127 1899年克劳斯所创《火炬》期刊书名页。

128 1838年6月6日英国《前锋日报》(Daily Herald)剪报。

129 奥地利皇帝弗兰茨—约瑟夫(1848—1916年在位)。

131 1935年左右,维也纳大学为纳粹学生所占据。

索引

A

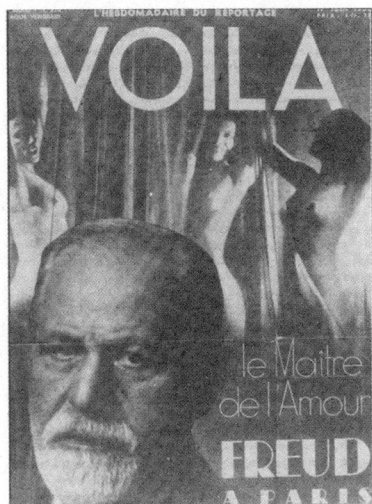

描绘第一次世界大战及其对德国社会的影响，强烈指控黩武主义，是他最重要的作品。

D

法国作家，所著以故乡普罗旺斯为背景的故事最为脍炙人口，笔下充满对人的关怀与同情。他的《最后一课》，许多国家都收入中小学教材。

法国作家，阿尔丰斯·都德之子。小说《庸医》（1894）严厉抨击医界，《图像世界》（1919）则是一部坚决反对弗洛伊德的心理学著作。

法国版画与插画家，擅长绘制诡异、如梦似幻的场景，曾为《圣经》、但丁《地狱篇》、塞万提斯《堂·吉诃德》等绘插图。

古希腊城邦，前371年前后一度称霸于希腊世界。

亚得里亚海滨港市，1382年至1919年一度属奥地利，后归意大利。

意大利中部城镇，自古以来即为避暑胜地。

位于希腊中部帕尔纳索斯山麓，古希腊人视为世界的中心，为最重要的阿波罗神殿所在地，其神谕常能左右国家大政。

E

或译"恋母情结"。弗洛伊德认为，此种情结的巅峰时期是在3岁至5岁之间。

t

附志

索引及本书其他个别地方对精神分析用语的简单解说,多有参考拉普隆歇 (J.Laplanche) 与庞大礼 (J.B.Pontalis) 合著《精神分析词汇》(Vocabulaire deia psychanalyse, UPF, 1967)之处。两位作者曾先后担任法国精神分析协会的会长。所有这些解说,当然不足以揭明各用语的意蕴。编者在此所侧重的,实为对内文意涵的阐发及有关用语之间的关系。

图书在版编目（CIP）数据

　　弗洛伊德：科学时代的解梦师 / （法）巴班（Babin，P.）著；黄发典译.
— 长春：吉林出版集团有限责任公司，2015.1
　　（发现之旅）
　　书名原文：Freud
　　ISBN 978-7-5534-6348-3

　　Ⅰ．①弗… Ⅱ．①巴… ②黄… Ⅲ．①弗洛伊德，
S.（1856～1939）—生平事迹 Ⅳ．①K835.216.2

　　中国版本图书馆CIP数据核字（2014）第292466号

Tous droits de traduction et d'adaptation réservés pour tous pays © Gallimard 1990. Chinese
language publishing rights arranged with Gallimard through Bardon–Chinese Media Agency.
Simplified Chinese translation copyright © 2014 by Jilin Publishing Group.

吉林省版权局著作权合同登记
图字 07-2014-4419

发现之旅 02

FULUOYIDE KEXUE SHIDAI DE JIE MENG SHI　　　　　　　[法] 皮埃尔·巴班 著

弗洛伊德：科学时代的解梦师

黄发典 译

出版策划：刘　刚　孙　昶
项目执行：孙　昶
项目助理：赵晓星　刘虹伯　邓晓溪
责任编辑：赵晓星
责任校对：王诗剑
出　　版：吉林出版集团有限责任公司（www.jlpg.cn/yiwen）
　　　　　（长春市人民大街4646号，邮政编码：130021）
发　　行：吉林出版集团译文图书经营有限公司
　　　　　（http://shop34896900.taobao.com）
电　　话：总编办：0431—85656961　　营销部：0431—85671728
印　　刷：吉林省吉广国际广告股份有限公司
开　　本：880mm×1230mm　1/32
印　　张：4.875
字　　数：160千字
图幅数：150
版　　次：2015年1月第1版
印　　次：2015年1月第1次印刷
印　　数：1—6 000册
书　　号：ISBN 978-7-5534-6348-3
定　　价：35.00元